머리 좋은 아이로 키우는
엄마의 정리습관

ATAMA NO YOIKO GA SODATSU KATAZUKE-JUTSU by Hisae Iida
Copyright ⓐ 2009 by Hisae Iida.
All right reserved.
Original Japanese edition published by Gakuyo Shobo Co., Ltd., Tokyo.
This Korean edition published by arrangement with Gakuyo Shobo Co., Ltd., Tokyo in care of Tuttle-Mori Agency, Inc., Tokyo through EntersKorea Co., Ltd., Seoul.

이 책의 한국어판 저작권은 (주)엔터스코리아를 통해 저작권자와 독점 계약한 산수야에 있습니다.
신 저작권법에 의하여 한국 내에서 보호를 받는 저작물이므로 무단전재와 무단복제를 금합니다.

정리 정돈을 잘할수록 아이의 '능력'이 향상된다!

머리 좋은 아이로 키우는

엄마의 정리습관

이다 히사에 지음 | 김현영 옮김

 # 머리말

육아의 목적은 무엇일까? 어떤 사람으로 키우고 싶은가?

"착하고 다정다감한 아이로 자랐으면 좋겠어요."

"공부 잘하고 똑똑한 아이로 자랐으면 싶군요."

"어떤 일을 하든 자기 직업에 만족하고 행복한 사람이 되었으면 좋겠어요."

이렇게 부모의 바람은 제각각 다르지만, 마음 깊은 곳에서는 결국 방패막이가 되어줄 부모가 없더라도 혼자서 이 험난한 세상을 꿋꿋이 잘 살아갈 수 있는 힘을 키워주려는 데 있을 것이다.

이를 위해 어떤 부모는 명문대에 보내기 위해 기를 쓰고, 어떤 부모는 온갖 정성을 기울여 아이의 재능을 키워주려 애쓰며, 또 어떤 부모는 대안적인 교육에 관심을 기울일 것이다.

그렇다면 육아의 목적은 결국 '혼자서 살아갈 힘'을 길러주는 데 의미가 있지 않을까? '혼자서 잘 살아갈 수 있으려면' 생활력과 경제력이라는 두 바퀴가 뒷받침되어야 한다. 그런데 이 튼튼한 바퀴를 가지려면 정리와 수납을 잘해야 한다.

정리와 수납? 이게 무슨 뜬금없는 소리냐 하겠지만, 사람은 무엇을 하든 도구를 사용한다. 육체적인 일은 물론이고, 정신적인 일을 할 때에도 자료와 지식이라는 형태가 없는 도구를 쓴다. 그래서 이런 도구들이 일목요연하게 정리되어 있으면 필요할 때 꺼내어 응용하기도 쉽고, 적재적소에 활용하기도 편리하다.

이렇게까지 생각하지 않았던 부모들이라면 이제부터 달라져야 한다. 아이에게 도구를 잘 정돈하고 배치하고 활용하는 능력을 키워주는 것이 부모가 육아에서 중점을 둘 부분이다. 그것의 기초는 당연히 정리습관이다.

아이들은 하루가 다르게 자란다. 정리하는 습관은 아주 어려서부터 길러주어야 한다. 너무 이른 시기란 있을 수 없다. 쉽게 정리할 수 있는 깨끗한 집에서 자란 아이일수록 그 방법을 더 확실하게 습득한다. 게다가 정리가 잘되어 있으면 집안일이 편해져서 엄마도 상쾌한 기분으로 느긋하게 아이와 시간을 보낼 수 있다. 그리고 그것이 아이의 아이큐(IQ)를 올리는 일로 이어진다.

앞으로 이 사회를 짊어지고 나갈 인재를 키우는 데 나의 정리 기술이 조금이나 보탬이 된다면 정말 더할 나위 없이 행복할 것이다.

이다 히사에

차례

머리말

Part 1. 정리 정돈 잘된 집 아이가 똑똑하다

왜 정리 정돈이 잘되어야 할까? 13
아이와 교감하는 시간이 늘어난다 | 아이가 정서적으로 안정된다 | 아이와 대화를 많이 할 수 있다

집안 정리로 문제를 해결한 이야기 22

정리하는 습관은 아이를 위한 선물 25
학업 능력, 업무 처리 능력, 자기 관리 능력이 향상된다 | 시간을 의미 있는 일에 쏟을 수 있다

수납을 잘하면 부모와 자식 관계도 달라진다 31
정리 정돈으로 육아에 자신감을 되찾은 엄마 | 아이는 깨끗한 집을 좋아한다 | 아이는 더러운 집을 부끄럽게 여긴다 | 아이가 혹시 체념하고 있지 않을까?

정리가 잘된 집에서는 아이의 학업 능력이 향상된다 39
학업 능력은 깨끗하게 정리된 거실에서부터 | 방이 깨끗하면 학습 의욕이 생겨 IQ도 올라간다

정리하는 습관이 자기 관리 능력을 키운다 44
자신의 물건은 자신이 관리할 수 있도록 하자 | 정리할 줄 아는 능력도 평가의 대상

정리하는 습관은 어려서부터 받은 가정교육이 중요 48
잘 정돈된 상태를 아는 아이로 키우자 | 정리하는 습관이 배려를 키운다 | 생활습관은 어려서부터 길러주자

Part 2. 가족이 함께 배우는 정리와 수납의 기본

가족이 모두 알아야 할 정리의 기본 59
잔소리하기 전에 자신부터 돌아보자

정리와 수납이 잘되지 않으면 어떻게 될까? 62
수납이 엉망이면 물건이 늘어난다 | 수납이 뒤죽박죽이면 건강이 나빠진다 | 수납이 엉망이면 돈이 샌다 | 수납이 엉망이면 빨랫감이 늘어난다 | 정리가 안 되어 있으면 물건을 함부로 여기게 된다

지금은 '정리'와 '수납'을 배워야 하는 시대 68
수납이 고민거리가 된 이유 | 이제는 수납의 방법을 배워야 할 때

꼭 기억해야 할 수납의 기본 상식 71
수납의 목적부터 확실히 하자 | 수납 · 정리, 실내장식, 청소의 차이 | 좋은 수납이란? | 실내장식은 수납을 생각하고 나서 | 편리한 정도를 알 수 있는 '수납지수' | 수납을 개선할 때는 단계적으로

가족과 함께 수납과 정리를 시작해보자 86
수납과 정리에는 순서가 있다 | 수납과 정리의 순서 | 1단계 : 물건을 보관하는 기준을 세운다 | 2단계 : 필요 없는 물건은 처분한다 | 3단계 : 놓을 장소를 정한다 | 4단계 : 넣는 방법을 정한다 | 5단계 : 쾌적한 상태를 유지한다 | 정리가 어려워지면 다시 처음으로 되돌린다

Part 3. 아이 방 정리, 지금 당장 시작하자!

무엇을 놔두고, 무엇을 버려야 할까? 97
1단계 : 물건을 보관하는 기준을 세운다
최대 수납 용량이란? | 적정량이란 어느 정도일까? | 쓰지 않는 물건은 군살 덩어리

처분하는 데도 기준이 있다 102
나이로 구분하기 | 공간으로 구분하기 | 선물은 어떻게 할까?
2단계 : 필요 없는 물건은 처분한다
쓰레기 봉투와 골판지 상자를 준비한다 | 잠깐, 아이의 작품은 쓰레기가 아니다!

아이 방에 필요한 수납 가구 113
3단계 : '놓을 장소'를 정한다
4단계 : '넣는 방법'을 정한다
어떤 가구가 좋을까?

아이의 행동1 : 공부하기 116
책이나 교과서 | 통신문·복사물 | 문구류 | 학습도구 | 각종 가방 | 추억의 기념품(작품, 작문, 성적표 등)

아이의 행동2 : 잠자기 130
침구

아이의 행동3 : 옷 갈아입기 135
행거에 거는 옷 | 겉옷(치마, 바지, 셔츠, 운동복 등) | 속옷이나 양말 등 | 아직 큰 옷과 작아진 옷

아이의 행동4 : 놀기 142
선반 수납장은 수납의 만능선수 | 선반 수납장을 고를 때 주의할 점 | 선반 수납장의 활

용도를 높여주는 네 가지 수납용품 | 깊이가 다른 선반 수납장을 겹쳐놓는다 | 책상보다 수납 가구부터 | 처음부터 다 갖추지 않아도 자리는 정해둔다

잘 정돈된 쾌적한 상태를 유지하자 151
5단계 : 쾌적한 상태를 유지한다

수납을 재정비하는 일은 아이를 위한 선물 153

Part 4. 정리하는 습관을 길러주는 몇 가지 요령

정리 잘하는 아이로 키우려면 157
아이에게 치우라고 야단치기 전에 | 정리하는 습관은 빠를수록 좋다 | 우선은 제자리에 갖다놓는 일부터 | 정리하면 편해진다는 사실을 느끼게 해주자 | 만 3세 전에 정리하는 습관의 기초를 잡아주자 | 야단치기보다는 칭찬을 | 이런 아이로 자라면 오히려 부모가 고생

Part 1
정리 정돈 잘된 집 아이가 똑똑하다

정리를 잘할수록 아이의
'능력'이 향상된다.

똑똑한 아이로 키우는
정리습관

왜 정리 정돈이
잘되어야 할까?

🍪 아이와 교감하는 시간이 늘어난다

밥하고 청소하고 세탁기 돌리고, 하루 종일 바삐 움직이지만 가사일은 해도 해도 끝이 없다. 그래도 집이 웬만큼 정리 정돈이 되어 있으면 치우고 정리하는 게 한결 수월하다.

정리 정돈이 잘되어 있다는 것은 물건들이 놓여 있을 곳에 제대로 수납되어 있다는 뜻이다. 이 상태를 늘 유지하면 가사일 하는 시간이 훨씬 줄어들 뿐만 아니라 힘도 덜 든다. 그만큼 주부의 시간이 늘어나는 것이기도 하다.

여기서 키포인트는 주부의 시간이 늘어난다는 것! 이는 매우 중요하다. 왜냐하면 늘어난 시간만큼 주부는 여유로울 테고 사람이 일단 여유가 있으면 아이를 대하는 태도도 느긋해지기 때문이다.

아이들은 어린이집이나 유치원에서 돌아오면 그날 있었던 일을 엄마한테 이야기하고 싶어서 안달이 난다. 그런데 식사 준비도 해야 하고, 집도 치워야 한다면 아이의 말에 느긋하게 귀를 기울일 수가 없다. 아니 아이와 눈을 마주칠 여유도 없다.

나 역시 그랬다. 유치원이 오전에 끝나는 수요일이면 집안일을 다 끝내지도 못한 채 부랴부랴 아이를 데리러 갔다. 그런 날에는 아이가 뭐라고 재잘거리면 귓등으로 흘려들을 뿐, 마음은 딴 데가 있어 대답도 하는 둥 마는 둥 했다. 돌이켜보면 '왜 그런 시간들을 제대로 보내지 못했을까?' 하고 후회가 된다.

여유가 있는 날은 다르다. 한번은 집에 돌아오는 길에 아이가 "엄

▌▌ 엄마 마음이 느긋하면 아이를 대하는 태도가 달라진다.

마, 하마다!" 하고 소리를 쳤다. 무슨 소리인가 싶어 보았더니, 아이는 물웅덩이에 삐죽이 솟아 있는 돌멩이를 가리키고 있었다. 그 돌멩이가 물 밖으로 얼굴을 반쯤 내민 하마랑 똑 닮았던 것이다.

마음에 여유가 있을 때는 그렇게 대단한 것도 아니지만 아이의 이런 감성에 마음이 즐거워진다. 그러나 얼른 집에 가서 이것도 하고 저것도 해야 한다는 생각으로 마음이 분주하면, "저게 무슨 하마야, 그냥 돌이잖아. 어서 가자." 하고 아이의 말을 무시하기 쉽다.

여유가 있으면 아이의 소중한 감성을 받아주고 키워줄 수 있다.

마음이 느긋하면 "어머나, 정말 그렇구나! 하마랑 똑같이 생겼네." 하고 감탄해줄 수도 있는데 말이다. 어쩌면 "하마는 물속에서 무얼 하는 걸까?", "저 하마 집은 어디일까?" 하고 좀 더 많은 이야기를 나눠볼 수도 있으리라. 엄마의 반응에 아이는 아마 신이 나서 이야기에 더 빠져들었을 것이다.

여유가 있느냐 없느냐의 차이는 이렇게나 크다.

만약 지금 당신이 산더미 같은 집안일 때문에 마음의 여유가 없다면, 부디 이 책을 통해 수납하고 정리하는 방법을 배워 당신만의 시간을 되찾기 바란다.

😀 아이가 정서적으로 안정된다

늘 차분하고 깨끗하게 정리되어 있는 집에서 생활하는 아이는 정서적으로도 안정되어 있다. 반대로 늘 엉망진창으로 어질러진 집에서는 그렇게 되기가 하늘의 별 따기다.

어른이나 아이나 다르지 않다. 정갈하게 정리된 집의 현관문을 막 열었다고 상상해보자. 깨끗해서 쾌적한 느낌이 들 것이다. 그런 느낌과 그런 공간을 싫어할 사람은 없다. 그런 곳에 있으면 마음마저 차분해진다.

살림살이가 많아도 제대로 정리하고 수납하기만 하면 집을 멋지게 꾸며서 편안한 공간으로 바꿔놓을 수 있다. 기분 좋은 공간에는 사람이 모여들고, 그러면 자연스럽게 대화가 늘어 가족들 간의 유대관계도 좋아진다. 집안 식구들이 사이가 좋으면 그 속에서 자라는 아이의 정서도 안정된다.

정서적으로 안정된 아이는 남의 이야기를 잘 들어주고 집중력이 뛰어나다. 아이도 느끼는 바는 어른과 똑같다. 어려서 뭘 알겠

느냐고 무시하지 마라.

　이런 사례가 있다. 그 집은 물건이 어찌나 많은지 방마다 두세 겹으로 물건들이 꽉꽉 들어차 있었다. 그나마 앉을 수 있는 공간이라고는 거실의 텔레비전 앞이 고작이었다.

　집이 그렇다 보니 식구들은 누구 하나 편하게 쉬지를 못했다. 집이 편안한 휴식처 역할을 하지 못하니 가족 구성원들은 바깥으로만 돌았다. 아내는 남편이 날마다 늦게 들어온다고 투덜댔고, 남편은 남편대로 집에 와서는 좀 쉬고 싶은데 집 꼴이 너무 심란해

∺ 가족들이 빨리 돌아오고 싶은 집을 만들자!

들어오기 싫다고 항변했다. 어쩌다 아내더러 집 좀 치우라고 잔소리할라치면 언성이 높아져 부부 사이가 나빠지고, 아이들은 아이들대로 부모 눈치를 보면서 되도록 얼굴을 피한다는 것이다.

집이 그렇게 엉망이니 당연한 현상이다. 남편은 집에 들어와도 자기 자리가 없다고 느낄 것이고, 그래서 버틸 때까지 버티다가 들어올 것이다. 아내도 마찬가지다. 자기도 집을 치운다고 치우지만 워낙 정리가 안 되어 있으니 치워도 표도 안 날 것이고, 남편한테 잔소리까지 들으니 마음이 언짢을 것이다. 만약 이런 지경이라면 아이는 부모와 제대로 된 대화조차 나누지 못할 것이다.

그렇다면 집안이 어질러진 원인이 꼭 주부에게만 있을까? 주부의 게으름도 원인일 수 있지만, 부부 사이에 문제가 있거나, 식구들 전부 정리습관이 안 되어 있어 사용한 물건을 제자리에 갖다놓지 않고 그대로 방치한 것일 수도 있다. 아니면 가뜩이나 집도 좁은데 남편이 자기 취미생활에 빠져 그런 쪽의 물건을 자꾸 사들이는 등 다른 원인도 충분히 있을 수 있다.

무언가에 불만이 있으면 의욕은 나지 않는다. 그러면 집안이 어질러져도 치우기가 싫고, 다시 여기에 물건이 쌓여 악순환이 벌어진다. 수납과 정리는 그렇게 단순한 문제가 아니다.

아이가 폭넓은 감성과 사고방식의 기초를 다지려면 가족과 대화도 많이 나누어야 하고 놀기도 많이 놀아야 한다. 그런데 집안이 안정되어 있지 않아 가족들이 늘 바깥으로만 나돈다면 아이는 심리적으로 불안정할 수밖에 없다.

정리하고 수납하는 방법을 몰라서 집안이 어질러져 있다면 이제부터 배우면 된다. 그 방법을 배워 집을 말끔하게 정돈해보자. 또 그런 분위기에서 가족 간에 돈독한 애정을 쌓아보자.

😀 아이와 대화를 많이 할 수 있다

아이들은 늘 자신의 생각이며 본 것, 들은 것들을 엄마한테 말해주고 싶어 한다. 이럴 때 아이와 눈을 맞추고 아이의 입장에서 대화하다 보면 어느새 아이는 엄마와 이야기하는 시간을 좋아하게 된다.

그런데 엄마가 바쁘면 어떨까? 아이의 이야기를 귀담아듣기는커녕 쓸데없는 소리를 지껄인다고 잔소리를 늘어놓거나 핀잔을 주어 아이의 입을 다물게 만들 것이다. 설마 그럴까 싶지만 사실 자기 자신이 바쁘면 상대방의 말이나 감정에 관심을 쏟을 여유가 없다. 아무리 육아라는 교육적 관점에서 출발한다고 해도 별반 다르지 않다. 아이가 이것저것 질문을 하는데 엄마가 바빠 대답을

건성으로 하거나 '다음에 말해줄게.' 하고 미룬다면 아이는 점점 엄마와 대화하는 것을 싫어하게 된다. 이런 일이 반복되면 엄마는 아이가 무엇을 생각하고 느끼는지 알 수 없게 된다.

육아에서 대화는 아주 중요하다. 엄마가 좀 더 여유로운 마음으로 아이의 이야기에 귀를 기울이면, 아이가 요즘 들어 누구와 노는지, 무엇에 관심이 있는지, 아이의 선생님은 어떤 분인지 등등 아이의 감정이나 기분을 금방 알아차릴 수 있다. 아이의 감정이나

∷ 잘 정돈된 집에서는 조급함이 사라진다.

기분을 이해하게 되면 아이 키우는 일이 그다지 어렵지 않다.

아이의 마음을 열게 하는 열쇠는 엄마의 여유!

아이를 키우다 보면 엄마는 자기 시간을 갖기가 어렵다. 아이와 함께 있는 시간에는 아이와 시간을 보내야 하고, 아이가 유치원에 간 사이에는 집안일을 해야 한다. 한창 손이 많이 가는 시기의 아이를 키울 때 주부가 정신을 바짝 차리지 않고 어물쩍거리다 보면 아무 한 것 없이 몇 년을 보내게 돼 나중에 후회하게 된다.

그러나 제대로 수납해 놓고 정리하면 자기만의 시간을 얼마든지 뽑아낼 수 있다. 그 덕에 마음에 여유가 생기면 아이에게 집중하는 시간도 늘어난다.

집안 정리로 문제를
해결한 이야기

아이를 위한답시고 한 일이 반대의 결과를 가져와 곤란을 겪은 가족이 있다. 이 가족은 이 문제를 정리 정돈으로 극복했다.

K는 친구 Y가 고른 유치원의 육아 방침을 듣고 자신의 둘째 아이도 그 유치원에 보내기로 마음먹었다. 그런데 막상 보내놓고 보니, 유치원은 마음에 드는데 집과 너무 떨어져 있어 오전에 끝나는 날에는 아이를 데려다 주고 집에 오기 무섭게 금방 다시 데리러 나가야 했다. 그래서 그런 날은 집에 들르지 않고 유치원이 다 끝날 때까지 근처에서 시간을 보냈다.

그 결과, 가사 시간이 줄어들면서 생각지도 못한 일이 발생했다. 집안이 어질러져 있으니 자꾸 조바심이 나면서 짜증이 나고, 식사 준비도 예전만큼 정성을 다할 수가 없었다. 큰아이의 이야기는 아예 들어주지도 못했다.

Y는 어땠을까? Y는 가사도우미를 고용하여 가사 부담을 덜고 있었다. 뒤늦게야 그 사실을 안 K는 충격에 빠졌다. K도 가사도우미를 부르고 싶었지만 금전적으로 여유가 없었다. 그래서 생각해 낸 방법이 정리와 수납이었다.

K는 집안 전체의 수납을 착착 개선해 나갔다. 가령 빨래를 예로 들면, 빨랫감을 세탁기에 넣기, 세탁기 돌리기, 널기, 걷기, 개기, 수납하기……, 이런 일련의 동작들이 날마다 반복된다. K는 그 흐름을 순서대로 검토해보았다. 그래서 내린 결론이 동작을 줄이는 것이었다.

우선 아침에 일어나면 바로 세탁물을 널 수 있게 세탁기의 타이머를 맞춰놓았다. 빨래를 널 때도 어떻게든 동작을 최소화하려고 손이 많이 가는 기존 건조대를 쓰기 편한 제품으로 바꾸었다. 세탁물을 걷을 때는 가족 수에 맞춰 바구니를 준비하여 걷는 것과 동시에 분류해 나갔다. 산더미 같은 옷을 개면서 일일이 분류하지 않아도 되었기 때문에 그만큼 개는 시간이 줄었다. 다 갠 옷은 다시 그 바구니에 담아 각자의 옷장에 넣었다. 그 밖에도 옷장의 위치를 바꾼다거나 속이 깊어 마구 뒤섞이던 서랍장을 얕은 것으로 교체하는 등 동선과 수고를 줄이기 위해 아이디어를 짜내고 실천

했다.

K는 이렇게 약 3개월에 걸쳐 집안 전체의 수납을 완전히 개선했다. 그러자 자신도 미처 예상하지 못했던 결과가 나왔다. 일이 줄어 시간이 절약되는 것은 물론이고 그동안 별로 생각해보지 않았던 수납 노하우, 살림 노하우가 끊임없이 생겨나는 것이었다.

수납을 정비하는 데 드는 시간과 돈은 여유를 위한 '투자'

'아, 살림도 체계적으로 해야 하는 거구나!' 그제야 K는 그동안 자신이 얼마나 많은 시간을 쓸데없는 일에 허비했는지 깨달았다. K는 이제 시간과 여유를 되찾았다.

정리하는 습관은 아이를 위한 선물

🍪 학업 능력, 업무 처리 능력, 자기 관리 능력이 향상된다

자, 책상에 앉아 일한다고 치자. 그런데 막상 일을 시작하려니 책상 위에는 온갖 잡동사니들로 가득 어질러져 있다. 읽다 만 책 몇 권, 서류, 공과금 납부서, 뚜껑이 안 닫힌 볼펜, 명함 따위가 무질서하게 책상 위를 점령하고 있으면 일을 시작할 의욕이 나긴 할까? 아마 일을 시작하기도 전에 맥이 빠질 것이다. 아이도 그렇다. 만약 아이의 성적을 올리고 싶다면 언제든지 공부를 시작할 수 있게 해주어야 한다.

어른이 되어 일하다 보면 각종 서류며 자료, 사무용품, 직업에 따라서는 특정 공구 등을 다루게 된다. 이는 딱히 집안일이 아니어도 사회생활에서 수납 능력이 필요하다는 말이다. 자신이 다루는 도구를 사용하기 편리하게 효율적으로 담아두려면 무엇보다도 '공간 인지능력'이 있어야 한다. 이 능력은 신변의 물건을 정리하는 습관에 의해 길러진다.

같은 일을 하더라도 어떤 사람은 책상 위가 말끔하고, 어떤 사람은 각종 물건으로 너저분하다. 전자의 경우 대체로 일 처리 능력도 깔끔하고 야무지다. 반면 후자는 필요한 서류를 금방 꺼낼 수 없어서 일이 늦고, 대체로 지각도 잦고, 소지품 분실도 잦다. 이런 사람은 아무래도 자기 관리 능력이 형편없다는 평을 듣게 된다.

'우리 애는 아직 어려서……' 하고 흘려듣는 사람도 많겠지만, 아이의 장래를 생각한다면 정리습관을 길러주는 것을 마냥 미뤄둘 수 없다. 수납 능력은 업무 능력으로 이어지므로 어려서부터 자연스럽게 몸에 배도록 해야 한다. 더 중요한 것은 혼내고 가르치는 것보다 엄마가 수납을 잘하면 아이에게 일부러 가르치지 않아도 자연스럽게 몸에 밴다는 것이다. 매일 보고 듣는 것은 무섭다. 이 점을 반드시 기억하자.

🍪 시간을 의미 있는 일에 쏟을 수 있다

하루 24시간이라는 시간은 누구에게나 평등하다. 만약 하루의 몇 시간을 의미 있는 일에 쓸 수 있다면, 그 사람의 인생은 더욱 빛나리라.

누구에게나 일정하게 주어진 시간을 확보하는 가장 좋은 방법은 '정리와 수납'을 재정비하는 것이다. 1시간은 60분, 하루는 24시간이지만 어떻게 쓰느냐에 따라 시간은 얼마든지 늘일 수 있다.

우리는 아침에 눈을 떠서 다시 잠들 때까지 칫솔, 치약, 컵, 수건, 화장품, 냄비, 조미료, 옷 등 이루 다 셀 수 없을 정도로 많은 물건을 꺼내고, 사용하고, 되돌려 놓는다. 그리고 또다시 꺼내고, 사용하고, 되돌려놓는다.

수납 능력을 키우면 꺼내고 → 되돌려놓는 시간이 단축된다. 옷을 갈아입을 때 입고 싶은 옷을 금방 찾아내면 외출 시간도 그만큼 빨라진다. 음식을 만들 때 조리 도구와 재료가 손에 잡히는 가까운 곳에 있으면 조리 시간이 그만큼 빨라진다.

나는 예전에 그 사실을 NHK의 「다메시테 갓텐(살림의 달인)」이라는 생활정보 프로그램에서 증명해 보인 적이 있다.

같은 구조의 주택에서 사는 세 주부가 같은 음식을 만들었을 때 누가 더 빨리 완성해서 식탁을 차리느냐 하는 실험이었다. 세 주부는 자칭 수납의 달인, 일반인, 수납의 하수였다.

:: 수납이 엉망이면 넣고
빼기도 큰일!

    메뉴는 볶음밥과 수프였고, 결과는 예상대로였다. 가장 시간이 오래 걸린 사람은 수납의 하수였다. 수납의 하수는 밥을 볶을 때 싱크대 아래에 놓은 프라이팬을 꺼내느라 대여섯 걸음을 이동해야 했고, 가득 겹쳐져 있는 냄비 사이에서 원하는 프라이팬을 고르는 데도 시간을 허비했다. 소금은 싱크대에서 꺼내고 기름은 아랫선반에서 가져오는 등 정신이 없었다.

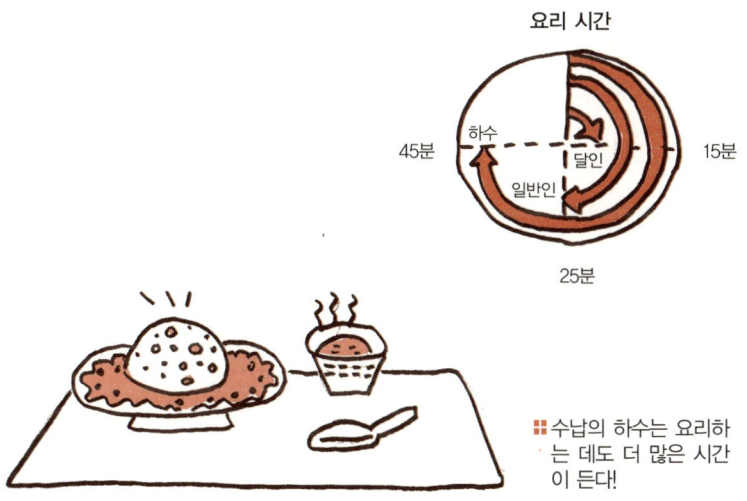

▪▪ 수납의 하수는 요리하는 데도 더 많은 시간이 든다!

　실험하는 동안에는 주부들의 움직임을 확인하기 쉽도록 큰 감압지(感壓紙, 특수처리된 복사지의 일종으로 종이를 밟으면 그 압력으로 종이에 색깔이 나타난다.―옮긴이)를 주방 바닥에 깔아놓았다. 주부들은 그 감압지를 밟으며 음식을 만들었는데, 수납의 하수는 감압지가 전체적으로 분홍색으로 변해 있었다. 이는 여기저기로 자꾸 이동하느라 '수납지수'(80쪽 참조)의 '걸음 수'가 많았음을 뜻한다.

　이에 비해 달인의 발자취는 싱크대와 가스레인지 앞에 집중되었다. 사용하려는 물건이 사용하는 장소에 놓여 있어서 이동하지 않고도 요리를 할 수 있었다는 뜻이다.

이 실험에서 밝혀진 바로는 정작 요리하는 데 든 시간은 셋 다 비슷했다. 차이는 조리 도구나 조미료통을 빼고 넣는 시간에 있었다. 다른 일도 마찬가지다. 가령 드라이어로 머리카락을 말린다면 정작 말리는 시간은 비슷하지만, 드라이어를 빼고 넣는 데 차이가 난다.

수납 능력에 따라 더 많은 시간을 확보할 수 있다.

어려서부터 물건을 효율적으로 넣고 뺄 수 있다면, 그런 습관이 들어 있다면 긴 인생에서 얼마나 많은 시간을 손에 넣게 될까? 어쩌면 몇 년에 필적할 수도 있다.

너무 과장되었다고? 천만에!

아이에게 수납 능력을 길러주는 일은 '살아가는 데 꼭 필요한 선물'이나 다름없다.

수납을 잘하면 부모와 자식 관계도 달라진다

🍪 **정리 정돈으로 육아에 자신감을 되찾은 엄마**

이런 사례가 있다.

한 주부가 집이 너무 엉망이라 어떻게 해야 좋을지 모르겠다며 상담을 신청했다. 직접 그 집을 찾아가보니, 집안의 물건들이 마구잡이로 어질러져서 무엇이 어디에 있는지 도통 알아볼 수가 없었다. 거의 정글이었다.

아이는 모두 세 명이었다. 각자 자기 방이 있음에도 거실에는 아이들 옷이며 학습도구, 장난감, 게임기 들이 무질서하게 흩어져 있었다. 자기 방 놔두고 거실에서 숙제하기도 하는데, 교과서가 없어져서 곤욕을 치른 적도 있다고 했다.

"말해봐야 듣겠어요, 집이 이런데……. 정말 어떻게 키워야 할지 자신이 없네요."

이 주부는 자포자기한 듯이 이야기했다.

원래 이 주부는 결혼 전 꼼꼼한 성격인 데다 말끔한 공간을 좋아하는 편이었다. 그런데 결혼을 하고 육아를 하면서 어수선해지기 시작했고, 점차 자신감까지 잃어버려 자신은 아이들을 훈육할 자격이 없다고 낙담했다. 아이들도 그런 엄마의 심정을 아는 듯했다.

가만히 보니 이 주부는 아이들에게 무척이나 애정을 쏟았다. 하지만 그 표현이 좀 자상하지 않아서 아이들에게는 절반밖에 전달이 안 되었다. 그러나 내 제안을 하나둘씩 실행하여 물건마다 놓을 장소를 마련해주고, 그로써 정리하기가 쉬워지자 엄마의 태도도, 아이들의 반응도 달라졌다.

집이 전체적으로 정돈되기 시작하자 아이들은 물건을 거실에 어질러놓았다가도 이내 자기 방으로 들고 갔다. 자기들이 정리하지 않으면 엄마가 힘들어한다는 사실을 이해하기 시작했다. 이 주부는 아이들의 훈육에 자신감을 되찾았고, 그 반응은 즉각 나타났다.

🍪 아이는 깨끗한 집을 좋아한다

어른도 남의 집을 방문할 때는 '우아, 멋지다!', '우리 집이 훨씬 깨끗하군.' 하고 은연중에 평가하고 비교한다. 아이들도 이런 면에서는 어른과 똑같다.

아이가 지금 "친구랑 우리 집에서 놀아도 돼요?"라고 묻는다면, 당신은 아무 망설임 없이 "그래." 하고 대답할 수 있는가? 만약 "안 돼."라고 말하는 경우, 그 이유가 집이 어질러져 있기 때문이라면 참으로 유감스러운 일이다. 당신은 지금 아이가 어떤 친구와 노는지, 어떤 놀이를 하고, 어떤 이야기를 나누는지 알아볼 기회를 잃었다.

'우리 집도 친구네처럼 깨끗했으면 좋겠다.' 하는 생각이 있어도, 아이는 그런 말을 쉽게 꺼내지 못한다. 자신의 말에 엄마가 상처를 받을까 봐, 혼이 날까 봐 그런다.

어질러져 있는 자기 집이 부끄러워 친구 부르기를 포기한 아이들이 상상 이상으로 많다. 반대로 깨끗한 집은 대단한 자랑거리란 것을 알고 있는가?

아이는 태어날 집을 스스로 선택할 수 없다. 물건마다 제자리가 있어서 쓰고 돌려놓을 수 있다면 아이도 집안을 깨끗하게 정리할 수 있을 텐데, 제자리가 정해져 있지 않으니 아이도 어찌할 바를 모른다. 생각해보면 참 가엾다. 어른들이 아이들의 그런 기분을 좀 더 헤아려주었으면 좋겠다. 아이가 더욱 당당하고 쾌활하게 지낼 수 있게 해주는 일, 그것이 부모의 역할이다.

😊 아이는 더러운 집을 부끄럽게 여긴다

어떤 집을 방문했을 때의 일이다. 그 집은 방이 4개인 이층집이었다. 그런데 방마다 물건이 어찌나 많은지 주방과 이어진 거실만이 그나마 여유가 있는 공간이었다. 방이 4개씩이나 있는 데도 식구들은 거실에서 생활하다시피 했다. 이불도 거실에 깔았고, 방문은 아예 닫혀 있었다.

그 집 엄마가 이런 말을 했다.

"다섯 살짜리 딸아이가 친구를 데려온 적이 있어요. 그런데 방문을 막아서더니, '엄마, 여기는 들어가면 안 되지?' 하고 묻더라고요. 혹시나 지저분한 방이 탄로 날까 봐 제가 신경 쓰고 있다는 걸 아이도 아는 눈치였어요."

지저분한 쪽보다 깨끗하게 정돈된 쪽이 더 바람직하다는 감각은 붙잡고 앉아 가르치지 않아도 저절로 터득하게 되는 모양이다.

그렇게까지 신경이 쓰였으면 청소할 법도 한데, 왜 그대로 내버려뒀을까? 이야기를 들어보니 원인이 몇 가지 있었다. 가장 큰 원인은 이웃 관계에서 오는 스트레스였다. 그 주부는 스트레스를 없애려고 쇼핑에 매달렸고, 그러다 보니 일단 정리를 해두어도 늘어만 가는 물건 때문에 그 상태가 유지되지 않았다. 이 주부는 수납 방식을 개선하기 전에 우선 스트레스 해소법부터 바꿔야 했다. 어질러지는 원인을 제거해야 깨끗한 상태를 유지할 수 있을 테니까.

이런 예도 있다.

어떤 집을 방문하여 수납에 관해 조언을 해주었는데, 그 마지막 날이었다. 다 마치고 차를 대접받아 담소를 나누었는데, 여덟 살 먹은 그 집 아들이 마침 학교에서 돌아왔다.

나와 눈이 마주친 아이는 "아주머니, 고맙습니다!" 하고 큰 소리로 인사를 했다. 내가 무슨 영문인지 몰라 놀란 표정을 짓자, "이젠 친구들을 부를 수 있거든요." 하고 덧붙이는 것이 아닌가?

그 집 어머니도 그 말에 적잖이 놀란 눈치였다. 그러고는 "저 애도 속으로는 자기 집이 지저분해서 친구들을 부를 수 없다고 주눅이 들어 있었나 보네요. 하지만 제게는 별말이 없었어요." 하고 민망해했다. 아이의 마음씨가 참 갸륵하지 않은가?

나이가 어려도 집이 지저분하면 사실 엄청난 열등감을 느낀다. 아이가 불만을 토로하지 않는 것은 혹시라도 엄마가 난감해할까 봐 나름 배려해주기 때문이다. 엄마를 배려했다는 말은 곧 엄마를 좋아하고, 엄마한테서 사랑을 받았다는 증거다. 서로에게 애정이

:: 혹시 내 아이도 이런 생각을 할까?

있으면 정리하는 습관도 들이기 쉽다. 그러니 좌절하지 말고 이제부터라도 정리하는 방법을 배우고 익히면 된다.

😊 아이가 혹시 체념하고 있지 않을까?

어떤 고객이 수납 상담을 받으러 찾아왔을 때의 일이다. 상담을 받겠다고 결심한 이유는 고등학생 아들이 "저도 제 방이 있었으면 좋겠어요. 제발 집 좀 치워보세요, 네?" 하고 하소연을 했기 때문이다.

4인 가족에 방이 3개인 집이었다. 방 하나를 자기 방으로 가질 만도 한데, 방마다 너무 너저분해서 아이는 그럴 수가 없었다고 한다. 참다 참다 좀 치우고 살라고 속내를 터뜨린 것이다. 그 하소연에 놀란 어머니가 어떻게든 방 하나를 내주려고 정리를 시도했지만 뜻대로 되지 않았다.

고등학생이니 생각해보면 그 아들도 참 오래 참았다. 그 집의 수납 방식을 개선하는 데는 4개월이 걸렸다. 집안의 불필요한 물건은 처분했고, 집안 여기저기 흩어져 있던 살림살이는 어울리는 자리로 이동했다. 마지막으로 필요한 가구를 들이자 어엿한 아이 방이 완성됐다.

아이가 어떤 고민을 하고 있는지 헤아려주자.

꼭 이 사례에만 국한된 이야기가 아니다. 혼자 힘으로는 역부족이어서 어쩔 수 없이 거실에 나와 공부하는 아이, 정리 정돈을 포기한 아이가 정말 한둘이 아니다.

아이가 하소연할 때까지 집안을 그 지경으로 놔둔 이유는 무엇일까? 주부가 게을러서? 그건 정돈된 느낌의 차이다.

어떤 사람은 정돈이 깔끔하게 되어 있어야 편안함을 느끼지만 어떤 사람은 웬만큼 지저분해도 별다른 불편함을 느끼지 않는다. 앞 사례에서처럼 고등학생 아들이 하소연을 하기 전까지 집안이 어질러져 있어도 부모는 그다지 신경을 쓰지 않았다. 물론 아이는 달랐고, 이 예에서는 부모가 아이의 반면교사(反面教師)가 되었다.

정리가 잘된 집에서는 아이의 학업 능력이 향상된다

🍪 학업 능력은 깨끗하게 정리된 거실에서부터

성적이 좋은 아이들은 자기 방에서 혼자 책만 파고들 것 같지만, 사실은 그렇지 않다. 뜻밖에도 가족이 자주 모이는 거실에서 공부하는 것을 좋아하는 아이들이 많다. 그만큼 편안하기도 하고, 공부하다가 잘 모르는 게 나와도 부모가 옆에 있으니 도움을 받기에도 좋다. 또 아이 스스로 자기 방에 들어가기란 쉬운 일이 아니니까.

아이의 이런 심정을 헤아리는 부모라면 방으로 들어가서 공부하라고 다그치기보다는 차라리 거실을 공부할 수 있는 환경으로 만들 것이다. 특히 거실 탁자는 아이가 언제든지 마음만 먹으면 공부를 시작할 수 있도록 깨끗이 비워놓으면 어떨까?

거실 분위기를 공부 분위기로 바꾸는 것도 필요하다. 거실에서 공부한다는 말은 다른 가족이 텔레비전이나 라디오를 크게 틀지 않는다는 말과 같다. 가족 모두가 협조적인 환경도 성적 향상에 바람직한 영향을 끼친다.

거실에서 공부하는 아이의 성적이 좋은 데는 또 다른 이유가 있다. 내가 아는 한 아이는 어릴 때부터 아빠가 공부를 봐주었다. 아빠가 공부를 봐주기에는 아무래도 일부러 걸음을 옮겨야 하는 아이 방보다 늘 있는 거실이 편하다. 이 아이는 거실에서 공부해서가 아니라, 아빠가 살뜰하게 공부를 봐주었기에 성적이 향상되었다고 할 수 있다.

거실을 공부방처럼 쓰려면 거실 탁자가 늘 깨끗하게 정리되어 있어야 한다. 그러려면 수납이 잘 되어야 한다.

🔴 방이 깨끗하면 학습 의욕이 생겨 IQ도 올라간다

아이들은 블록을 쌓을 때 어떤 모양을 만들지 먼저 상상을 한다. 그런데 쌓다가 원하는 모양의 블록을 찾아내지 못하면, 바로 그 시점에서 집중력이 떨어져 사고회로가 단절된다.

무언가를 꾸미고 만들 때도 그렇다. 가위도 없고, 풀도 없고, 셀

∷ 정리 정돈이 되어 있지 않으면 학습 의욕이 떨어진다.

로판테이프도 없으면, 게다가 그런 상황이 자꾸 벌어지면 다음에는 무엇을 만들어볼까 하는 창작 의욕이 식어버린다.

모 방송에서 이런 실험을 했다.

나이가 같은 두 아이에게 색칠할 수 있는 똑같은 그림과 똑같은 책상을 주고, 한 아이에게는 같은 색연필이기는 하지만 색조가 가지런한 색연필을, 다른 아이에게는 낱개로 아무렇게나 흩어져 있는 색연필을 주었다.

그러고는 아이들이 색칠을 다 할 때까지 얼마나 걸리는지, 그 솜씨는 어떻게 다른지 알아보았다. 같은 아이가 아니므로 솜씨에

■■ 정리습관은 창작 의욕을 북돋운다.

는 다수 개인차가 있겠지만, 그것을 참작하더라도 결과는 예상내로였다. 전자인 아이가 더 빨리, 더 예쁘게 색칠했다.

물건이 질서정연하게 정리되어 있으면 의욕도 생기고, 작업 속도도 빨라지고, 솜씨도 좋아진다.

이 실험을 보면서 나는 내가 색칠하는 모습을 상상해 보았다. 먼저 그림을 보면서 어떤 색깔로 칠할지 마음을 정한다. 만약 수박 그림이라면 과육에는 빨간색을, 씨에는 거무스름한 갈색을 고를 것이다. 색연필이 가지런하게 정돈되어 있으면 원하는 색깔을 금방 고를 수 있고, 처음부터 고르려고 했던 색깔이기 때문에 색칠에도 정성이 들어간다.

잘 정돈된 환경이 아이의 학업 능력을 키운다.

그런데 색연필이 너저분하게 흩어져 있으면 원하는 색깔을 찾는 데도 시간이 걸리고, 아예 찾지 못할 수도 있다. 그렇게 시간이 흐르는 동안 마음은 조급해진다. 그나마 찾으면 다행이지만, 그렇지 못할 때는 비슷한 색깔을 고르게 될 테고, 그러면 정성도 떨어질 수밖에 없다.

모처럼 싹튼 창작 의욕이 너저분함 탓에 달아나지 않도록 부모가 옆에서 신경을 써주었으면 좋겠다. 이 역시 부모의 역할이 아니겠는가?

정리하는 습관이
자기 관리 능력을 키운다

🎯 자신의 물건은 자신이 관리할 수 있도록 하자

육아의 목적은 한마디로 말해서 자립이다. 부모는 아이가 생활에 곤란을 겪지 않고, 보람을 느끼면서, 인생을 기분 좋게 살아가기를 바란다. 그리고 '기분 좋게'란 말에는 당연히 주거 환경도 포함된다.

아이 방은 자기 스스로의 힘으로 물건을 수납하고 정리하는, 최초의 훈련 장소다.

방이라는 정해진 공간에서 원하는 만큼 물건을 늘리다 보면 결국 다 수납되지 못해 방이 어질러지고, 그러면 쓰고 싶은 물건을 꺼내기도 어렵고 아예 찾지 못하는 수도 있어 곤란을 겪게 된다는 사실을 아이가 경험으로 배우게 해야 한다.

이는 자신에게 주어진 공간, 금전, 시간을 꾸려나가는 능력과도 직결된다.

이런 사례가 있다. 초등학생인 B는 여름 방학에 자신의 방을 정리한 과정을 자유 연구 주제로 삼아 학교에서 상까지 받았다. B의 엄마는 참으로 기쁘게도, 내 사무실에서 수납 상담을 받아 기분 좋게 살 수 있게 되었다. 이 엄마는 자신이 배운 방법을 아들에게 전수했다.

우선 필요 없는 물건을 스스로 판단해서 버리게 했고, 가구를 포함해서 무엇을 어디에 둘지 함께 생각하고 결정했다. 또 엄마가 배운 것과 마찬가지로, B는 방과 가구의 크기를 재서 그림으로 표시하는 등 체계적으로 수납을 계획했다. 이런 식으로 체계적인 수납 방법을 배운 아이는 여름 방학이 끝날 무렵에는 눈 감고도 무엇이 어디에 있는지 알 수 있게 되었다.

B의 엄마는 아이가 스스로 할 수 있을 때까지, 대단한 인내심을 가지고 지켜봐야 했다. 참고 기다린 덕에 아이는 스스로 생각하고 실행할 수 있게 되었다. 옆에서 참지 못하고 바로 도와주면 아이는 생각하기를 멈춰버린다. 그러면 발전이 없다.

B는 평소 물건을 자주 잃어버렸는데, 개학하고 나서는 그런 일도 많이 줄었다고 한다. "그런데 좀 문제가 있어요. 저한테 요즘

들어 주방이 지저분하네, 어쩌네 하며 지적을 하지 뭐예요?"라고 하면서 B의 엄마는 웃음을 터뜨렸다.

앞으로 소개할 수납과 정리의 방법에는 이론이 뒷받침되어 있다. 이 이론을 이해하면 아무리 어린아이라도 자신의 주변을 정리하게 된다.

🍪 정리할 줄 아는 능력도 평가의 대상

이 책을 쓸 무렵, 유아교실을 운영하는 후쿠오카 준코(유치원 교사로 재직하다가 소수정예제로 운영하는 유아교실 '엄마와 아이를 위한 옴니파크'를 설립했다. 『우리 아이 IQ 148로 키우는 놀이의 지혜』의 저자이기도 하다.—옮긴이) 선생이 최근 유치원이나 초등학교 시험 문제에 생활습관을 알아보는 항목이 매우 많아졌다고 귀띔했다. 사회인의 기초가 되는 생활습관이 나이에 맞게 몸에 배었는지 알아보려는 것이다. 바람직한 경향이다.

가정은 좋은 생활습관을 확실하게 익힐 수 있는 유일한 장소다.

다 먹은 과자 봉지를 휴지통에 제대로 버릴 수 있을까? 다 놀고

■ 집에서의 바른 생활습관이
학교 성적으로도 이어진다.

나서 장난감을 제자리에 갖다 놓을 수 있을까? 모두 다 당연한 행동이지만, 방이 늘 어질러져 있는 집에서는 이런 당연한 생활습관이 몸에 배기 어렵다. 버려야 할 물건인지 쓰는 물건인지 알 수 없는 상태의 방에서는 휴지 하나쯤 아무 데나 버려도 괜찮다고 생각하기 쉽다. 물론 유치원에서 배운다고 해도 집에서 보내는 시간이 훨씬 많기 때문에 금세 본색이 드러난다. 유치원이나 어린이집에서 배운 내용을 습관으로 굳히려면 가정환경이 뒷받침되어야 한다.

가정은 자립할 수 있게끔 좋은 습관을 가르쳐주고 몸에 배도록 해주는 유일한 장소다.

정리하는 습관은
어려서부터 받은 가정교육이 중요

🙂 잘 정돈된 상태를 아는 아이로 키우자

우리 회사에는 '수납 상담'이라는 업무가 있다. 담당자가 고객의 집에 찾아가 정리하기 쉬운 수납의 형태를 제안하고, 그 방법을 마치 가정교사처럼 자세하게 알려준다. 이 일을 하면서 나는 한 가지 사실을 알게 되었다. 바로 '정리되어 있다'는 느낌에는 개인차가 있다는 점이다.

사람들은 이따금 벽과 가구의 틈에 종이봉투를 모아두거나 가구와 천장의 틈, 그러니까 장롱이나 책장 위 공간에 물건을 얹어 놓는다. 그런데 이런 상태를 보고 정리가 잘됐다고 느끼는 사람이 있는가 하면, 전혀 그렇지 않다고 느끼는 사람도 있다.

가령 주방의 그릇장 위가 비어 있다고 해보자. 그 공간이 아까워서 잘 사용하지 않는 물건을 올려놓기도 하는데, 이를 탐탁지 않게 보느냐 아무렇지도 않게 보느냐의 차이다.

이렇게 질서정연함을 느끼는 감각을 나는 '정연감'이라고 부른다. 정연감은 사람에 따라, 시대에 따라 다르다. 수많은 고객과 이야기를 나누면서 알게 되었는데, '정연감'의 차이는 그 사람이 자란 가정의 수납 환경에서 비롯되는 것 같다.

상담을 받으러 온 사람 중에는 "태어나서 지금까지 깨끗한 방에서 생활한 적이 없어요."라고 말하는 사람도 있다. 물론 그런 집에서 자랐어도 정리를 잘하는 사람이 있을 수 있다. 그러나 늘 어질러진 집에서 자라면 대개는 어른이 되어서도 '정연하다'는 감각을 알지 못한다.

이런 감각이 부족한 사람들은 친구나 이웃의 집을 보면서 '멋지다!'라고 느끼기는 하지만, 정작 자기 집에서 무엇을 어떻게 해야 하는지, 어느 정도까지 정돈해야 깨끗해지는지 감을 잡지 못한다. 아이가 커서 이런 고민을 하지 않기 위해서라도 가능한 한 깨끗한 집에서 키웠으면 좋겠다.

아직 먼 이야기 같지만, 아이가 커서 결혼을 하게 되었을 때 상대 배우자와 '정연감'에 차이가 있으면 결혼 생활에 문제가 발생하기도 한다.

신혼 때는 그 차이가 '사랑스럽게' 보이지만, 시간이 흘러 어느 한쪽이 자꾸 신경을 쓰게 되면 말다툼이 벌어진다. 주거 환경은 '행복한 정도'에 영향을 끼치므로 결코 무시할 수 없다. 깨끗하게 정리된 감각을 알게 해주는 것도 부모의 중요한 의무다.

덧붙이자면, 과보호도 문제다. 상담을 받으러 오는 사람 중에는 "저희 부모님이나 다른 가족들은 수납의 달인이십니다. 그런데 저만 그게 잘 안 되더군요. 어려서부터 저는 사랑을 많이 받고 자랐습니다. 제가 하기 전에 부모님이 알아서 다 해주시지요. 아마 그래서 그런가 봅니다." 하고 고민을 털어놓는 사람도 있다.

🎨 정리하는 습관이 배려를 키운다

왜 정리해야 할까? 다음에 사용할 때 바로 꺼낼 수 있게 하기 위해서다.

'스스로 정리할 수 있게끔 수납의 형태를 바꾸어 놓으면' 아무리 아이라도 물건을 뺄 때 늘 같은 장소에서 가져가고, 다 놀고 나서는 같은 장소에 갖다 놓는다. 수납의 형태가 아무리 보기 좋아도 아이가 자유롭게 넣고 뺄 수 없으면 결코 좋은 수납이 아니다.

물건을 정리하는 또 다른 이유는 누군가가 곤란해지는 것을 막기 위해서다.

내 지인의 아이인 K는 장난감을 가득 늘어놓고 기차놀이를 하기 좋아한다. 거실에서 놀기 시작하면 발 디딜 틈이 없어지기 때문에 부부는 늘 자신의 침실에서 놀게 했다.

당연한 말이지만, 장난감이 잔뜩 어질러져 있으면 이불을 펴지 못한다. 그래서 저녁마다 다 놀고 나면 정리해야 한다고 잔소리를 했지만 아이는 귓등으로도 듣지 않았다. 그러다 엄마가 어떤 말을 하자 아이는 달라졌다.

"얘야, 네가 정리를 하지 않으면 엄마랑 아빠는 잠을 잘 수가 없단다."

그저 이 말뿐이었다. 왜 정리해야 하는지 이유를 말했을 뿐인데, 아이는 그날부터 열심히 정리하기 시작했다.

엄마와 아빠가 잠을 자지 못한다고 하니 마음이 아팠으리라.

아이가 정리하기 원한다면 왜 그래야 하는지 이유를 알려주자. 아이가 이유를 알게 되면 훈육하기도 쉽다.

😀 생활습관은 어려서부터 길러주자

아이들은 어른들이 생각한 것보다 더 많은 일을 해낼 수 있다.

아이가 아장아장 걷기 시작하면 한번 시험해보라. 예를 들어 휴지를 다 쓰고 나면 "이 휴지는 휴지통에 버려줄래?" 하고 말하고, 블록 장난감을 가지고 다 놀고 나면 "이 블록들은 블록 상자에 넣어주자. 블록은 블록끼리 사이좋게!" 하고 말해보자. 엄마가 이런 말을 자주 하고, 일부러 이런 행동을 자주 시키면 자연스럽게 정리하는 습관이 몸에 밴다.

그렇다고 놀기가 무섭게 정리하라고 다그쳐서는 안 된다. 신나게 노는 중인데 엄마가 자꾸 정리하라고 하면 얼마나 맥이 빠지겠는가?

아이가 블록으로 대작을 만드는 중인데 밥을 먹거나 잠을 자야 해서 잠시 중단해야 한다고 해보자. 정리해야 한다고 만들던 작품을 해체하게 하는 일은 너무나도 부자비한 저사다. 일단 늘어놓기는 했는데 다음 날에도 계속하고 싶어 하면 큰 판에 옮겨서 한쪽으로 치워놓자. 아예 처음부터 판을 깔아주어도 좋다. 그렇게 하면 청소도 쉽고 아이도 이어서 놀기도 좋다.

어떤 유치원에 취재를 나갔다가 이런 이야기를 읽었다. 상급반 아이들이 신나게 피자 가게 놀이를 하고 있었는데, 그 무리에 같이 껴 있던 Y에 관한 이야기다.

Y는 다음 날 이른 아침, 가장 먼저 유치원에 왔다. "나는 피자 만드는 사람이 될 거예요." 하고 선생님께 말하더니 어제와 똑같이 점토판과 점토를 꺼내 테라스에 늘어놓았다. Y는 "선생님, 어제 그 피자 책 주세요." 하고 선생님에게서 피자 광고지를 받아가더니 피자 만들기에 몰입했다.

잘게 뜯은 점토를 토핑 삼아 몇 판이고 계속해서 만들었다. 도중에 몇몇 아이들이 끼어서 같이 놀기도 했지만, Y는 그다지 관여하지 않고 말없이 피자만 만들었다. 점차 시간이 흐르면서 아이들은 하나둘씩 자리에서 일어났고, 교실에서는 수업이 시작되었다.

한참을 몰두해서 놀던 Y는 "자, 이제 장사 끝!"이라며 자리에서 일어

■■ 정리해야 한다고 아이의 의욕마저 꺾어서는 안 된다. 수납의 형태를 고려할 때는 이 점도 염두에 두자.

머리 좋은 아이로 키우는 엄마의 정리습관

::말을 걸어야 하는 적절한 때를 헤아려주면 효과적이다.

났다. "이제 그만 할 거니?" 하고 선생님께서 묻자 "네" 하고 대답하더니 정리를 시작했다. "점토판은 여기에 있었어요. 여기에 놓으세요." 하고 오히려 지시를 내리기도 했다. Y는 "피자 책은 돌려줄게요."라며 광고지도 돌려주었다.

그러고는 테라스에 아무도 없다는 사실을 알고 깜짝 놀랐다.

「가쓰시카(葛飾) 아이 동산 유치원 리포트」에서

이 글은 유치원에서 보육 일화의 하나로 기재해 놓은 내용이다. 나는 이 글을 읽으면서 아이가 어떤 행동에 확실하게 만족을 느끼면 다음 행동(정리)으로 옮기기가 쉬울 것이라는 생각을 했다.

아마 Y는 그 전날 형과 누나들 옆에서 자기도 피자를 만들고 싶었을 것이다. 그러나 낄 수가 없어서 그냥 참고 있었으리라.

한창 노는 아이한테 "자아, 정리하자!" 하고 말해봐야 잘 듣지 않는다. 더 놀고 싶기 때문이다. 아이에게 정리를 가르쳐주고 싶다면 '내가 이 상황이라면 기분이 어떨까?' 하고 반대의 처지를 늘 염두에 두어야 한다. 정리에도 적절한 때가 있다.

바른 가정교육이 정리하는 감각과 습관을 기른다.

여기에 수납까지 편리하게 해준다면, 즉 아이의 키와 눈높이와 힘에 맞춰 수납의 형태를 정비해준다면 가정교육을 하기가 훨씬 수월해진다.

Part 2
가족이 함께 배우는 정리와 수납의 기본

집 상태에 따라 아이의
학업 능력이 달라진다.

자기주도적 학습능력을
키우는 정리습관

가족이 모두 알아야 할 정리의 기본

🎬 잔소리하기 전에 자신부터 돌아보자

아이에게 치우라고 잔소리를 하기 전에 우선 엄마 자신부터 정리와 수납을 제대로 해놓았는지 돌아보자. 하루에도 몇 번씩 "엄마, 그거 어디 있어요?"라는 질문을 받는다면, 그 집의 수납 상황은 누구나 알 수 있는 쉬운 형태가 아니다. 아이에게 요구하기 전에 우선은 엄마 자신의 수납 능력부터 키워보자!

다른 곳은 말끔한데 언제나 아이 방만 엉망이라면, 아마 엄마는 어질러진 그 상태가 자꾸 신경 쓰여서 "제발 정리 좀 해!" 하고 잔소리를 하게 될 것이다. 그런 잔소리를 하기 전에 한 가지 확실히 해두자. 내가 아이라면 이 방에서 어떻게 물건을 쉽게 정리할 수 있을까?

▪▪ 수납량을 초과하면
어질러질 수밖에 없다.

아이 방에 수납공간이 제대로 마련되어 있으면 정리하라는 잔소리를 계속해도 괜찮다. 그러나 그렇지 않다면 우선적으로 해야 할 일이 있다.

정리가 쉬워지려면 각각의 물건들이 사용하기 쉬운 적절한 위치에 있어야 하고, 물건을 수납할 적절한 공간(가구)이 마련되어 있어야 한다.

예를 들어, 책가방이나 학원 가방을 놓을 적당한 장소가 마련되어 있지 않으면 아이는 여기저기에 아무렇게나 던져놓을 수밖에 없다. 책장이 꽉 차서 더는 넣을 공간이 없으면 바닥이고 어디고 간에 쌓아놓을 수밖에 없다. 물건을 놓을 장소가 정해져 있지 않으면 방은 금세 엉망이 된다. 자, 둘러보자! 수납할 공간이 제대로 마련되어 있는가?

자, 둘러보자! 수납할 공간이 제대로 마련되어 있는가?

얼마 전까지만 해도 정리가 잘되었는데 최근 들어 엉망이 된 경우도 확인이 필요하다. 아이는 계속 크고, 물건은 늘어나기 마련이다. 물건은 바뀌고 늘어나는데 공간은 그대로라면 당연히 어질러질 수밖에 없다.

정리와 수납이 잘되지 않으면 어떻게 될까?

🍪 수납이 엉망이면 물건이 늘어난다

C의 집을 방문했을 때의 일이다. 현관에 들어서자마자 악취가 났다. 주방에서 나는 냄새였다. C는 "저도 제대로 정리를 하고 싶은데 무엇을 어떻게 해야 할지 몰라서요."라고 말했다.

집안을 둘러보니 정말 어디라고 할 것 없이 물건이 쌓여 있었다. 주방을 청소하고 싶어도 살림살이며 각종 물건이 너무 많아 걸레질은 아예 꿈도 꾸지 못했다. 청소를 하지 못하니 악취가 나는 것은 당연했다. 싱크대에는 냄새 제거제며 바퀴벌레 퇴치약 등이 제멋대로 놓여 있었다. 청소도 못 하는 주방에서 어떻게든 견뎌보려고 사들인 물건이 청소를 더욱 어렵게 만들었다.

수납은 뜻밖에도 다방면으로 영향을 끼친다.

악취를 근본적으로 제거하려면 깨끗하게 청소해야 한다. 청소가 쉬워지려면 정리가 쉬워야 하고, 정리가 쉬워지려면 수납의 형태가 좋아야 한다.

수납이 뒤죽박죽이면 건강이 나빠진다

주거 환경이 깔끔해야 한다고 말하면, "먼지 좀 마신다고 죽어요?" 하고 반박하는 사람도 있다. 그런데 예전과 달리 외부와 쉽게 차단되는 형태로 집을 짓기 때문에 환기에 신경을 쓰지 않으면

먼지 좀 먹는다고 죽지 않는다는 말은 이제 옛말이다.

먼지나 습기가 밖으로 나가지 못해 별거 아닌 먼지도 문제를 일으킬 수 있다.

집안의 먼지나 진드기의 시체, 분(糞) 등은 알레르기와 폐렴을 일으킨다. 아이가 어려서부터 그런 환경에서 자라면 알레르기 체질이 될 우려가 있다.

또한 살림살이가 많으면 공기의 흐름을 방해하기 때문에 풍수 면에서도 바람직하지 않다.

풍수든 청소든 수납이든 목적은 같다. 모두 행복하고 건강하게 살기 위해서다. 수납과 정리를 말끔하게 해서 행복이 달아나지 않게 해보자!

수납이 엉망이면 돈이 샌다

D는 집안에 물건이 너무 많아 무엇이 어디에 있는지 알 수 없었다. 무엇을 버리고 무엇을 놔두어야 하는지도 판단할 수 없었다.

그래서 수납 상담을 받기로 했고, 나와 함께 하나씩 확인하며 처분해 나갔다. 이 과정에서 D는 "어머, 이 모자가 여기에 있었네. 안 보여서 새로 샀는데."라며 후회했다. D의 후회는 끊이지 않았다.

제대로 수납하지 않으면 물건은 늘어나고 돈은 사라진다.

🍊 수납이 엉망이면 빨랫감이 늘어난다

'빨랫감이 늘어난다고? 아니, 왜?' 하고 의아해하는 사람도 있겠지만, 사실이 그렇다.

B의 집은 늘 빨랫감이 산더미처럼 쌓여 있었다. B는 늘 1층에서 빨래를 하고 2층에서 갰는데, 개러 올라가기도 귀찮고 옷을 수납할 공간도 모자라서 다 마른 옷들을 그냥 한쪽에 쌓아놓을 때가 잦았다. 아이들도 으레 그런가 보다 하면서 자기들 옷을 알아서 꺼내갔다. 그런데 빨아야 하는 옷도 그 자리에 놓는 바람에 새로 빨아놓은 옷인지 빨아야 하는 옷인지 구분이 안 되어서 늘 다시 빨아야 했다.

나는 우선 가족 개개인이 쉽게 옷을 넣고 뺄 수 있는 수납공간부터 정비하라고 조언했다. 그랬더니 B는 당장 효과가 나타났다고 좋아했다. 빨랫감의 양이 줄어들어 빨래가 훨씬 쉬워진 것이다. 수납에 문제가 있으면 가사일도 늘어나고, 그러면 생활 전체가 삐거덕댄다.

😬 정리가 안 되어 있으면 물건을 함부로 여기게 된다

무엇이 어디에 있는지도 모르겠고 물건을 놓을 마땅한 자리도 없는 집에서 자란 아이는 물건을 함부로 다루는 경향이 있다.

한 유치원을 방문했을 때의 일이다.

그 유치원 현관에는 '잃어버린 물건'을 넣어두는 상자가 있었다. 아이를 데리러 오는 부모가 쉽게 알아보도록 눈에 잘 띄는 자리에 놓여 있었고, 그 안에는 양말 한 짝, 속옷, 손수건 등이 들어 있었다.

그런데 유치원 선생님은 주인을 찾기가 어렵다고 했다. 그 말을 듣는 순간 '물건 값이 너무 싸서 그런가?' 싶은 생각이 들었다. 아이들은 그렇다 치더라도 엄마들은 좀 알아차려 주면 좋으련만, 그렇지도 않은 모양이었다.

밖에 나가보면 물건이 흔하디 흔하다. 그러다 보니 어른이고 아이고 간에 제 물건 귀한 줄을 모른다.

정리 정돈은 합리적인 소비를 하는 지름길이다.

아이가 양말을 한쪽만 신고 있다는 사실을 알아차리지 못하는 걸까? 빨래를 갤 때 양말이 한짝만 있어도 아무렇지 않은 걸까?

무엇이든 차고 넘칠 정도로 많아서 그깟 하나쯤은 없어도 괜찮은 걸까?

정말로 필요한 물건이 필요한 수만큼 있고, 그 물건들이 제자리를 잘 차지하고 있으면 잃어버렸다는 사실을 금방 알아차리게 된다. 별것 아닌 것 같지만, 절대로 소홀히 할 수 없는 문제다.

지금은 '정리'와 '수납'을
배워야 하는 시대

🙂 수납이 고민거리가 된 이유

수납이 화제로 떠오른 것은 20여 년 전부터가 아닐까 싶다. 그렇게 된 이유는 대략 세 가지다.

첫째로, 경제가 발달하면서 누구나 원하는 물건을 쉽게 사들일 수 있게 되었다. 구매 욕구를 부추기는 판매 전략도 날이 갈수록 기상천외하다. 실제로 상담을 나가보면, 그다지 필요해 보이지도 않는 물건을 어쩜 그렇게도 많이 샀는지, 깜짝 놀랄 때가 한두 번이 아니다. 밖에 나가보면 균일가로 저렴하게 판매하는 물건이 참 많다. 값도 값이지만 보기에도 쓸 만하다. 그러다 보니 어디에 둘지도 고려하지 않고 별생각 없이 집어드는 사람이 많다.

둘째로, 생활양식이 서양식으로 바뀌어서다. 방석을 쓰지 않는 집에서는 붙박이 벽장에 마련된 방석 자리가 못마땅하고, 방석을 쓰는 집에서는 새로 들인 장롱에 방석을 넣을 자리가 없어 난감하다. 전통식으로 지으면 현대식으로 사는 사람들이 불편해하고, 현대식으로 지으면 전통식으로 사는 사람들이 불편해한다.

셋째로, 문명이 진화한 탓이다. 게임기나 컴퓨터는 내가 어릴 때만 해도 없던 물건이다. 게임기를 사면 거실에 게임기 본체며 부속품이 늘어나고, 컴퓨터가 있으면 프린터를 비롯한 각종 연결 기기들이 늘어난다. 휴대전화를 사면 충전기도 있어야 한다. 집은 그대로인데 물건은 자꾸만 늘어간다.

■ 생활에 필요한 물건의 양도, 종류도 불어났다.

예전만 해도 부모가 정리하는 모습만 보면 집안 물건을 어디에 두어야 하는지를 알 수 있었다. 이제는 물건의 양도 양이지만 못 보던 종류도 많아서 누굴 보고 따라해야 할지 알 수 없다.

🔘 이제는 수납의 방법을 배워야 할 때

수납을 컴퓨터에 빗대서 생각해보자.

대량의 정보를 빨리 처리하려면 그에 상응하는 처리 능력과 메모리가 필요하다. 메모리는 수납공간에, 처리 능력은 그 사람의 수납 능력에 해당한다. 수많은 물건을 사용하기 쉽게 수납하려면 집에도 그에 상응하는 공간이 있어야 하고, 그 물건을 다루는 사람에게도 그에 상응하는 능력이 있어야 한다.

<u>수납의 달인이 되는 길은 바로 정리습관에 있다.</u>

공간은 늘리기 어렵지만, 처리 능력은 지금부터라도 충분히 키울 수 있다. 처리 능력을 키우려면 정리와 수납이 무엇인지 그 기본부터 알아야 한다.

꼭 기억해야 할 수납의 기본 상식

🍪 수납의 목적부터 확실히 하자

왜 수납할까?

의외로 많은 사람이 '물건을 알차게 넣어놓기 위해' 수납한다고 생각한다. 하지만 이건 틀린 생각이다.

물건은 쓰기 위해 존재한다. 그러니 수납은 물건을 편하게 꺼내서, 쓰고, 편하게 되돌려놓기 위해 해야 한다. 이것이 수납의 목적이다.

장난감을 꽉 채워 담아두었는데 다시 꺼내기가 불편해서 잘 쓰지 못한다면, 그처럼 주객이 전도된 일도 없다. 편리함을 고려하지 않아도 되는 건 추억의 물건뿐이라는 사실을 기억해두자.

방송을 보다 보면 이런 편리함을 고려하지 않은 내용이 많이 나온다. 얼마 전에도 우연히 보았는데, 봉에 S자 모양의 고리를 달아 국자를 걸어두는 내용이 방송되었다. 그 봉을 도대체 어디에 달아두라는 말인지, 아무리 생각해도 오랫동안 계속할 수 있을 것 같지 않았다. 그냥 재미로 한번 해보는 방법일 뿐, 솔직히 수납이라고 부를 만한 것은 못 되었다.

수납의 목적을 확실히 해두지 않으면, 얼핏 좋아 보여서 따라 했는데 얼마 못 가 엉망이 되는 악순환이 일어난다. 상담 신청이 들어와 의뢰인의 집을 방문해보면 이 악순환의 흔적이 곳곳에서 발견된다. 보기에는 좋았지만 유지하기는 어려웠으리라.

> **정리와 수납은 물건을 쓰기 위해서 하는 것이지,
> 쟁여놓기 위해서 하는 게 아니다!**

🍡 수납 · 정리, 실내장식, 청소의 차이

집안이 쾌적하려면 크게 다음의 세 가지에 주의해야 한다. 바로 수납 · 정리, 실내장식(인테리어), 청소다. 다 같은 말처럼 보이지만, 이 세 가지를 잘 구분해야 쾌적함이 유지된다.

수납이란 쉽게 넣고 뺄 수 있는, 그 물건만의 '지정석'을 말한

다. 수납을 이야기할 때면 '정리'라는 말이 늘 붙어다니는데, 사실 정리는 수납과 별개의 개념이다. 물건을 쓸 때는 지정석에서 물건을 꺼냈다가 다 쓰고 나서 되돌려놓게 된다. 이 되돌려놓는 행위가 바로 정리다.

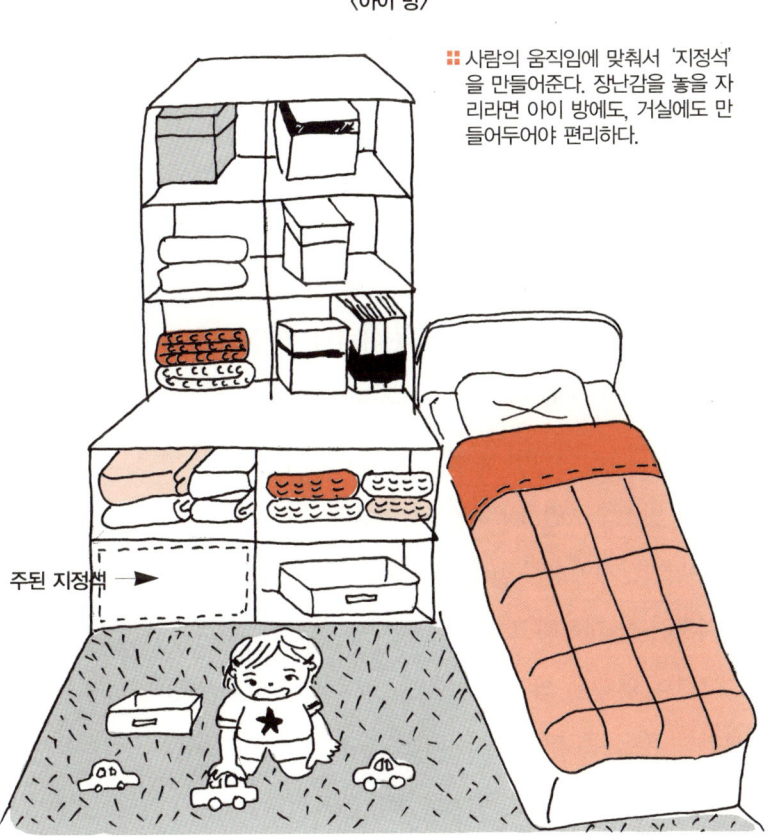

〈아이 방〉

■ 사람의 움직임에 맞춰서 '지정석'을 만들어준다. 장난감을 놓을 자리라면 아이 방에도, 거실에도 만들어두어야 편리하다.

주된 지정석 →

수납 — 지정석을 만들어주기
정리 — 지정석으로 되돌려놓기

되돌려놓을 '지정석'이 없으면 정리도 할 수 없어서 물건이 여기저기 돌아다니게 된다. 어쨌든 정리를 하려면 우선은 지정석이 있어야 한다. 이 점을 꼭 기억해두자.

지정석을 꼭 한군데로 정해야 한다는 법도 없다. 장난감의 지정석을 아이 방 한군데로만 정해놓으면, 엄마 옆에서 놀기 좋아하는 나이의 아이가 있는 집에서는 거실이 금세 난장판이 된다. 이런 집에서는 거실에도 장난감의 '지정석'이 있어야 한다.

아이가 꼭 방에서만 노는 것이 아니라면, 주된 지정석이나 보조 지정석 이외에 필요한 곳마다 지정석을 마련해둔다. 다른 물건도 마찬가지다. 지정석이 없거나 있어도 너무 거리가 멀면, 또 빼고 넣기가 번거로우면 정리하기가 어렵다.

'수납' 단계에서 '정리'하기 쉬운 지정석을 마련해주면 정리가 쉬워져서 늘 쾌적하고 깔끔하게 지낼 수 있다.

그런데 언제든 쉽게 정리할 수 있는 지정석을 마련하려면 사실 시간과 돈을 좀 투자해야 한다. 장난감이 방바닥에 마구 흩어져 있을 때는 그걸 담아둘 수납용품이 필요하다. 마침 마땅한 용품이

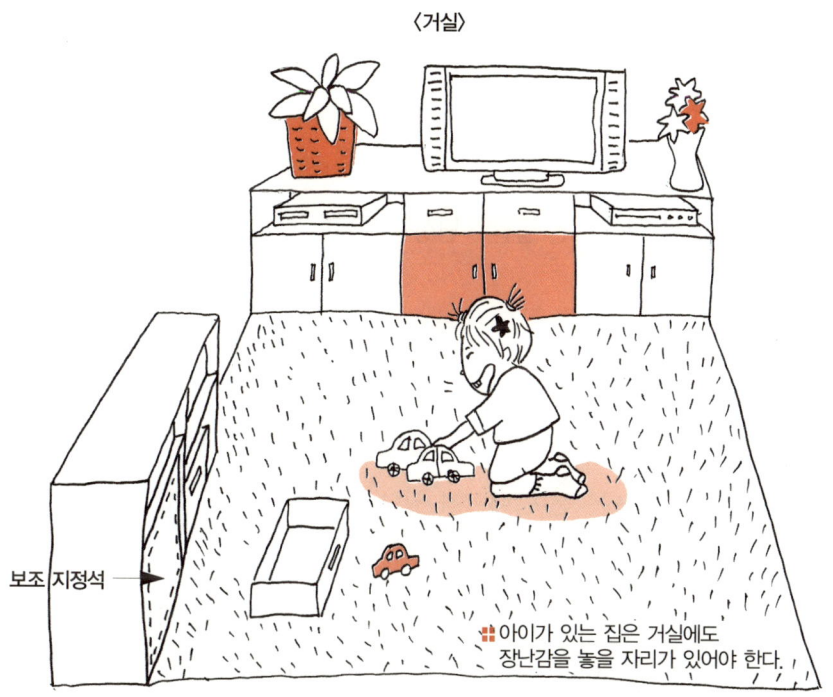

집에 있다면 그걸 사용해서 바로 지정석을 만들어주면 되지만, 없을 때는 사야 한다.

생활용품의 수납 장소는 거의 변하지 않으므로 처음 한 번만 고심하면 된다. 처음에 '그보다 더 좋은 방법이 없을 정도로' 지정석을 잘 짜주면, 그다음부터는 몇천 번(하루 한 번만 사용해도 삼 년이면 천 번이 넘는다.)이나 되풀이하는 정리가 그야말로 즐겁고 간단해진다. 집안일을 하는 시간과 수고는 줄고 여유는 늘어나 아이와 즐겁게 지낼 수 있다.

좋은 지정석은 온 집안이 난장판이 되는 것을 막아준다.

😊 좋은 수납이란?

77쪽의 그림은 주방 찬장에 수납해놓은 설탕이나 소금과 같은 조미료들이다. A는 문이 떼어져 있다. A와 B 가운데 어느 쪽이 좋은 수납일까?

A라고 대답하는 사람도 있고, B라고 대답하는 사람도 있다. 아마 쉽게 결정을 내리지 못하는 사람도 있을 것이다. 금방 답을 하지 못하는 까닭은 무엇이 좋은 수납인지, 그 기준이 확실치 않은 탓이다.

나는 '좋은 수납'을 정의해 보기로 했다. 내가 생각하는 좋은 수납은 이렇다.

"주어진 조건 안에서 가장 빨리, 노력을 들이지 않고 넣고 뺄 수 있는 형태다."

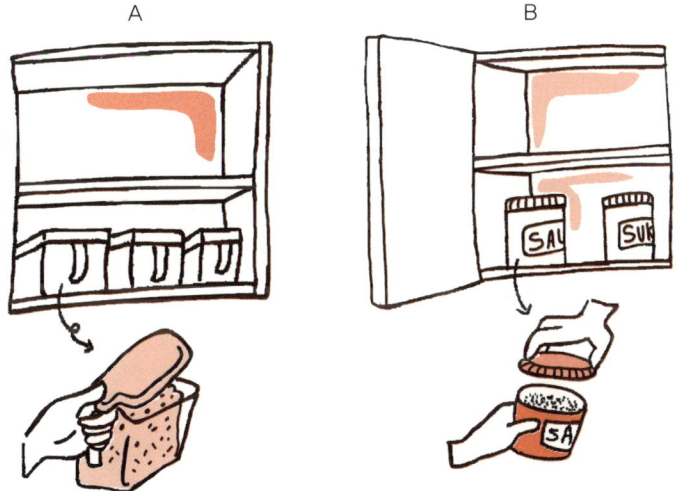

:: 어느 쪽이 사용하기 편리할까?

이를 기준으로 생각하면 답은 A다.

A는 문이 없어서 바로 꺼낼 수 있다. 용기도 원터치여서 재빨리 간을 맞출 수 있다. 이에 비해 B는 문을 열고 두 손을 사용해서 용기의 뚜껑을 열어야 한다. 편하기로 따지면 A가 으뜸이다. 수납을 생각할 때는 이렇게 '편리함을 우선으로' 생각해야 한다.

그러나 이렇게 생각하는 사람도 있다. 'B는 문이 달려서 내용물이 보이지 않으니까 더 깔끔하지 않나?' 그 생각도 옳다. 그러나 그건 실내장식을 우선시했을 때의 이야기다.

사용 빈도가 낮을 때는 깨끗해 보이는 쪽을 먼저 고려해도 상관

없지만, 수시로 쓰는 물건은 그렇지 않다. 시간적 여유가 많거나 아주 부지런한 사람만이 실내장식을 앞세울 수 있다.

자신이 쓰기 편한 '수납'을 기준으로 하는지 말끔한 '실내장식'을 기준으로 하는지, 먼저 분명하게 정해놓아야 갈팡질팡하지 않는다. 쓰기도 편했으면 좋겠고 보기에도 예뻤으면 좋겠다 싶은 사람은 우선 수납을 결정하고 나서 실내장식 측면을 보완해준다. 어쨌든 실내장식은 수납 다음이다.

😊 실내장식은 수납을 생각하고 나서

실내장식은 말하자면 분위기 연출이다. 책장 고르는 일을 예로 들어 수납과 실내장식의 차이를 생각해보자.

책장의 크기는 책의 양이나 놓을 장소에 따라 달라진다. 놓을 장소, 형태, 크기를 결정하기까지가 수납에 해당한다. 이 단계가 결정되면 가구점에 나간다. 미리 정해놓은 형태와 크기에 맞춰서 가구를 고르는데, 이때는 철제로 만들었느냐 나무로 만들었느냐, 디자인이 전통식이냐 현대식이냐 등 외관을 보게 된다. 이 단계가 실내장식을 좌우한다.

수납과 실내장식의 차이를 분명하게 인식하고 있으면, '멋있어서 샀는데 물건이 제대로 들어가지 않아 집안이 뒤죽박죽되는'

실패를 하지 않게 된다.

수납 가구를 고를 때는 이 점을 꼭 기억해두자.

수납 — 놓는 장소, 형태(기능), 크기

실내장식 — 소재, 디자인, 색깔

주거의 쾌적함을 좌우하는 또 하나의 열쇠가 바로 청소다. 청소는 먼지나 때를 제거하는 행위다. 수납의 형태가 좋으면 누구든 쉽게 정리할 수 있어 물건이 그냥 방치되는 일이 없고, 따라서 물건이 청소에 방해되지도 않는다. 청소기를 돌리는 시간도 줄어들고, 창가를 닦거나 식탁을 훔치는 일도 금방 끝난다.

수납의 형태를 개선하면 청소도 쉽다.

청소를 싫어하고 귀찮아했던 사람도, 시간이 없어서 못한다고 생각했던 사람도 수납의 형태를 개선하면 청소를 즐기게 된다. 하기도 쉽고 금방 끝나기 때문에 성취감도 더 빨리, 더 많이 느낀다.

🔘 편리한 정도를 알 수 있는 '수납지수'

그렇다면 바람직한 수납의 형태인지 아닌지는 어떻게 알 수 있을까? 그 구체적인 판단 기준이 있기는 할까?

나는 물건을 넣고 빼기가 편하다면 얼마나 편한지, 불편하다면 얼마나 불편한지 알아보기 위해 '수납지수'라는 수치를 생각해냈다.

자, 청소한다고 해보자. 청소하려면 청소기가 있는 다용도실까지 이동해야 하는데, 이 과정에서 '걸음 수'라는 수치가 발생

∷ 수납지수를 통해 수납의 형태가 얼마나 편리한지를 알 수 있다.

한다.

다용도실에 도달하면 일단 멈춰 서서 문을 연다. 이런 동작을 '동작 수'라고 하고, 역시 한 동작마다 수치를 더해 나간다.

물건을 넣고 빼다 보면 반드시 걸음 수와 동작 수가 발생한다. 이 두 수치를 더한 수가 바로 '수납지수'다. 수납지수는 지능지수와 달리 적을수록 '편하고 좋은 수납'을 뜻하고, 많을수록 '넣고 빼기가 번거로운 수납'을 뜻한다.

자주 보는 교과서나 참고서가 책상 위 책꽂이에 있으면 걸음 수 0에 동작 수 0으로 '수납지수=0'이 된다. 가장 편한 수납(지정석)의 형태를 갖춘 것이다. 만약 다섯 걸음 떨어진 책장에, 그것도 책장에 문이 있으면 의자에서 일어나는 동작(동작 1)에 다섯 걸음(동작 5), 문 여는 동작(동작 1)을 합해 '수납지수=7'이 된다. 꺼내러 가는 데만 이렇다는 말이니, 책을 다 보고 다시 가져다놓는 것까지 합하면 수납지수는 4배로 뛴다.

이런 계산으로 책장을 생각해보자. 깊이가 깊은 책장은 책이 많이 들어가서 좋아 보이지만, 실제로는 넣고 빼기가 번거로워서 '수납지수'가 커진다. 넣고 빼기가 귀찮아지면 아무리 좋은 책이 있어도 쉽게 손이 가지 않는다. 수납지수가 크다는 말은 '사용하지 않게 된다'는 말과 일맥상통한다.

일어선다(동작 1) + 걷는다(동작 5) + 문을 연다(동작 1) = 수납지수 7

정리가 쉬워지려면 이 '수납지수'를 줄여야 한다.

앞에서 나온 조미료 그림은 사실 우리 집 주방을 예로 든 것이다. 본래는 문이 달려 있었는데 동작 하나를 줄이려고 문을 떼어버렸다. 거실에 들어서더라도 주방이 직접적으로 보이지 않기 때문에 찬장문을 떼어내어도 손님이 그쪽으로 시선을 줄 일이 없어 별로 걱정이 없다. 문 하나만 떼었을 뿐인데도 요리가 한결 수월해졌다.

동작 0 + 걸음 0 = 수납지수 0

:: 동작이 적을수록 사용하기 편리하다.

😀 수납을 개선할 때는 단계적으로

10살인 A는 잠자리에 들어 만화책을 보는 것이 습관이었다. 엄마가 A의 방에 들어가 보면, 늘 침대 아래로 만화책 몇 권이 굴러다녔다. 책장은 침대에서 좀 떨어진 곳에 있었다. 아이는 침대에 누워서 만화책을 보다가 잠이 오면 책장까지 가기가 귀찮으니까 그냥 바닥에 던져놓고 잠을 잤다. 아마 어른이라고 해도 마찬가지

일 것이다.

이런 문제점을 해결하고자 A의 엄마는 누워서도 손이 닿는 위치에 책장을 옮겨놓았다. 그러자 만화책이 더는 굴러다니지 않았다.

"에이, 그러면 게으른 습관이 몸에 배는 거 아닌가요?"

이런 소리가 들리는 듯하다.

그럴지도 모른다. 하지만 그냥 놔두면 청소하기도 번거롭고 그런 모습을 볼 때마다 치우라고 꽥꽥 야단쳐야 한다. 밤중에 화장실에 가다가 책에 걸려 넘어질 수도 있다. 여러 가지 문제점을 고려해보면, 습관에 맞춰서 '수납지수'가 최소가 되도록 수납 방법

■■ 편리한 수납이 깨끗한 공간을 유지해준다.

을 개선하는 것이 제일이다.

만약 바로 바로 개선하기가 어렵다면 단계적으로 실행한다. 우선 아침에 일어나면 바로 정리할 수 있게 타일러본다. 해도 해도 안 되면 그때 가서 가구 배치를 생각한다. 만약 가구를 새로 배치하기가 어렵다면 누워서도 책을 놓을 수 있는 협탁을 침대 옆에 놔줄 수도 있다.

단, 아이를 나무랄 때는 주의해야 할 점이 있다. 덮어놓고 "정리해!"라고 소리치기 전에 그 이유를 알아듣게 설명해야 한다는 점이다. 아이도 이유를 알면 부모 말을 잘 따라준다.

수납지수가 크다는 말은 사용하지 않게 된다는 말과 똑같다.

수납은 이렇게 상황에 따라 응용이 필요하다. 어질러진 물건만 따지기 쉬운데, 그 물건을 쓰는 사람의 타고난 성격도 같이 고려해야 한다.

어쨌든 수납을 생각할 때는 걸음 수와 연관된 '놓을 장소', 동작 수와 연관된 '넣는 방법'을 같이 따져야 한다. 먼저 놓을 장소를, 그다음에 넣는 방법을 결정한다. 이 순서만 기억하면 정리가 편해진다.

가족과 함께 수납과 정리를 시작해보자

🍪 수납과 정리에는 순서가 있다

무엇이든 순서가 있다. 그 순서를 밟지 않고 "자, 오늘은 정리하자!" 하고 달려드는 것은, 또한 잡지에 실린 수납 방법을 보고 "나도 한번 해봐야지!" 하고 무턱대고 시작하는 것은 아무런 준비도, 사전 조사도 하지 않고 산을 오르는 것과 같다.

잡지에 '접시는 세워두어야 좋다' 라는 말이 적혀 있었다고 해보자. 그 말에 혹해서 당장 균일가 상점으로 달려가 접시를 세워둘 수 있는 상품을 사왔는데, 막상 써보니까 한 장씩 빼기가 번거로워서 다시 원래대로 바꾸어놓았다면, 괜스레 쓸데없는 물건 하나만 더 늘린 꼴이다.

다시 이런 일을 겪지 않으려면 순서를 기억해야 한다.

수납과 정리의 순서

수납과 정리의 순서는 다음과 같다.

〈물건을 수납하고 정리하는 5단계〉
1단계 : 물건을 보관하는 기준을 세운다.
2단계 : 필요 없는 물건은 처분한다.
3단계 : 놓을 장소를 정한다.
4단계 : 넣는 방법을 정한다.
5단계 : 쾌적한 상태를 유지한다.

사람들은 물건을 정리할 때 어떤 생각으로 어떤 행동을 취할까? 나는 이를 다섯 가지 단계로 구분해보았다. '이쪽이 더 쓰기 편하려나?' 하고 물건을 이동하기(3단계), '이제 이건 쓰지 않아.' 하고 처분하기(2단계), '작은 아이가 쓸 수도 있겠어.' 하고 남겨두기(1단계), '옷을 넣어야 하니까 서랍장을 사야지' 하고 수납 가구 마련하기(4단계), 사용한 물건을 제자리에 갖다놓기(5단계).

물건과 관련해서는 누구나 이런 행동을 한다. 그런데 시간이 지나 다시 엉망이 되어 이런 행동들을 되풀이하게 되는 것은 순서가 잘못되었기 때문이다. 되풀이하지 않으려면 올바른 순서를 따라

1단계 : 물건을 보관하는 기준을 세운다.

2단계 : 필요 없는 물건은 처분한다.

3단계 : 놓을 장소를 정한다.

4단계 : 넣는 방법을 정한다.

5단계 : 쾌적한 상태를 유지한다.

야 한다. 그것이 조금 전에 말한 '물건을 수납하고 정리하는 5단계' 다.

이 단계는 마치 마라톤 코스와 같아서 순서를 지키지 않으면 길을 헤매다가 영영 골인하지 못하는 수도 있고, 설령 도착한다고 해도 실격으로 처리된다. 노력은 노력대로 하는데 자꾸 어질러지는 것이다.

좀 더 자세히 알아보자.

😀 1단계 : 물건을 보관하는 기준을 세운다

물건이 잘 정리되지 않는 까닭은 대개 수납공간보다 물건이 너무 많기 때문이다. 그 사실을 알기는 하지만 그렇다고 버리자니 아까운 생각이 들 것이다. 물건을 처분하려면 무엇을 남기고 무엇을 버려야 할지 기준을 세워야 한다. 이 기준은 생활태도나 인생관과도 연관된다. "물건 하나 버리는데 무슨 인생관씩이나……." 하고 말할지도 모르지만, 사실이 그렇다.

자신의 집에 두 살짜리 아이가 있다고 해보자. 좀 과장해서 말하는 것 같지만, 그 아이의 작아진 옷을 한 장 버리는 데도 둘째를 원하느냐 원하지 않느냐를 따져야 한다. 둘째를 원한다면 둘째가

입을 수도 있으니 일단 보관해둔다. 아이를 더는 낳지 않기로 정했다면 물려줄 필요가 없으니 바로 처분한다.

물건마다 이렇게 필요와 불필요를 따져야 한다. 이런 점을 고려하지 않으면 무슨 물건이든 다 쓸 만해 보여서 도무지 처분할 엄두가 나지 않는다. 수납은 우선 생활태도와 인생관을 확인하는 데서부터 시작해야 한다.

"딱히 버리지 않아도 보관해둘 장소가 있으니까 괜찮아."라고 말하는 사람도 있다. 하지만 그 장소도 언젠가는 가득 찬다. 쟁여놓기만 해서는 큰일이다. 시기를 정해놓고 그때마다 처분해 나가면 그 넓은 공간을 더 알차게 사용할 수 있다.

😊 2단계 : 필요 없는 물건은 처분한다

1단계에서 정한 기준에 따라 '필요 없다'고 판단한 물건은 쓰레기와 쓰레기가 아닌 것으로 나눈다. 여기에서 말하는 '쓰레기가 아닌 것'은 중고 시장에 내다 팔거나 누군가에게 물려줄 수 있는 물건을 말한다. 쓰레기는 쓰레기 봉투에 담아 확실하게 집 밖으로 내보내고, 쓰레기가 아닌 것은 바로바로 처분한다. 혹시나 싶어 이 방에서 저 방으로 장소만 옮겨서는 절대로 깨끗해지지 않는다. 물론 의욕도 감퇴한다. 1단계와 2단계가 정리에 해당한다.

🌀 3단계 : 놓을 장소를 정한다

불필요한 물건을 처분하고 나면 '사용하는 물건'과 '추억의 기념품'이 남는다. '사용하는 물건'은 사용하는 장소와 가장 가까운 곳에 '지정석'을 마련해준다. 먼 곳에 두면 그 상태 그대로 처박히거나 제자리로 돌려놓기가 귀찮아 집안이 어질러질 수 있으니 주의해야 한다. '추억의 기념품'은 자주 꺼낼 일이 없으니 장롱 위나 가구 위에 수납해도 괜찮다.

🌀 4단계 : 넣는 방법을 정한다

놓을 장소를 정하고 나면 이제는 넣는 방법을 생각해본다. 자주 쓰는 물건일수록 문이 없는 수납공간에 두어야 동작 수를 줄일 수 있다.

3단계와 4단계가 수납에 해당한다. 72쪽에서 말한 '지정석'은 이 단계에서 결정된다.

🔸 5단계 : 쾌적한 상태를 유지한다

정리한 상태를 유지하려면 '꺼내서 쓰고 제자리에 돌려놓기'를 철저히 지켜야 한다. 이것이 73쪽에서 말한 '정리'다. 그리고 별생각 없이 물건을 사들이지 않도록 주의해야 한다.

1단계에서 4단계까지는 5단계를 위한 '물밑 작업'에 해당한다.

🔸 정리가 어려워지면 다시 처음으로 되돌린다

그렇다면 이 단계들을 한 번만 실행하면 그다음부터는 무사태평일까? 그러면 좋겠지만, 아쉽게도 그것이 끝이 아니다. 아이가 유치원이나 학교에 들어가 사용하는 물건이 바뀌면, 또 가족의 생활방식이 바뀌면 다시 검토해야 한다. 예전 상태를 유지하면 새로 늘어난 물건은 지정석이 없어 정리한다고 하는데도 금방 집안이 너저분해진다. 어쩐지 자주 어질러지는 듯한 느낌이 들면 수납이 제대로 되었는지 살펴보자.

<u>수납과 정리의 순서만 지키면 당신도 정리 정돈의 달인이다.</u>

아이가 어느 정도 크면 거실에 있던 장난감 지정석을 아이 방으로 옮겨주어야 한다. 동시에 더는 쓰지 않게 된 장난감을 처분해야 하는데, 이런 검토를 하려면 1단계로 되돌아가야 한다.

일단 처음으로 되돌아가서 1단계, 2단계, 3단계, 4단계를 밟아 나가며 궤도를 수정한다. 필요할 때마다 이 순서만 잘 따르면 정해진 공간을 언제까지고 효율적으로 쓸 수 있다.

〈물건을 수납하고 정리하는 5단계〉
1단계 : 물건을 보관하는 기준을 세운다.
2단계 : 필요 없는 물건은 처분한다.
3단계 : 놓을 장소를 정한다.
4단계 : 넣는 방법을 정한다.
5단계 : 쾌적한 상태를 유지한다.

이 단계를 반복하는 것이 바로 수납과 정리다. 이 점을 이해했다면 이제는 직접 아이 방을 개선해보자.

Part 3
아이 방 정리, 지금 당장 시작하자!

우리 아이의 '능력'을 키워주는 정리 정돈,
지금 당장 시작해보자!

정리 정돈 잘하는 아이가
공부도 잘한다

무엇을 놔두고, 무엇을 버려야 할까?

1단계 : 물건을 보관하는 기준을 세운다

아이 방은 물론이고 집안 전체가 잘 정리되지 않는 주요 원인은 물건이 너무 많기 때문이다. 둘 장소는 생각하지도 않고 닥치는 대로 사들이는 습관이 문제다. 쉽게 넣고 뺄 수 있는 수납의 형태를 유지하려면 일단 지나치게 사는 습관부터 버려라.

아이들이 자기 방을 갖는 시기는 대개 초등학교 입학 무렵이 아닐까 싶다. 그전까지는 아이 방으로 쓸 방에 이것저것 아무 물건이나 쟁여놓기 십상이다.

현재 자신의 집이 그렇다면 물건을 줄이겠다는 결심부터 하라. 물건을 처분하기가 아깝다면 한번 생각해보자. 필요 없는 물건과 아이의 행복 가운데 어느 쪽이 더 중요할까?

🔴 최대 수납 용량이란?

집에는 최대 수납 용량이 정해져 있다. 이는 방의 면적에서 문을 열고 닫는 공간과 사람이 움직이는 데 필요한 공간을 제외한 나머지 공간, 즉 남아 있는 평면과 그 천장의 높이까지 계산에 넣

:: 최대 수납 용량이란 개구부와 통로를 가로막지 않고 물건을 놓을 수 있는 공간의 최대량을 말한다.

은 용적을 말한다. 예를 들면, 98쪽 그림에서 회색으로 표시된 부분이 최대 수납 용량이다. 보다시피 창문이 많으면 수납공간이 줄어든다.

물건을 많이 수납하지 못하는 침대나 책상까지 들여놓으면 수납공간은 더욱 줄어든다.

😊 적정량이란 어느 정도일까?

최대 수납 용량이라고 해서 빈틈없이 수납해도 된다는 뜻은 아니다. 관광버스의 최대 승객 수와 정원 수의 관계를 생각해보자. 버스의 정원이 지정석의 수와 같은 40명이라면, 정원 수는 40명이다. 그런데 통로에 보조석을 설치하면 최대 50명까지 탈 수 있다. 이 50명이 최대 승객 수다.

50명이 차에 탔다고 해보자. 그러면 뒷좌석의 사람이 내릴 때 보조석에 앉은 사람들이 모두 일어나 의자를 접어야 한다. 수납도 다르지 않다. 최대 용량이 있기는 하지만 그 용량을 꽉 채우면 넣고 빼기가 무지막지하게 어렵다.

편리하게 이용하려면 정원인 40명에 그쳐야 한다. 이 40명이 적정량이다.

🔘 쓰지 않는 물건은 군살 덩어리

별생각 없이 들여놓은 물건은 집안의 군살 덩어리다. 몸에 군살이 쌓이면 만성적인 대사 장애로 각종 질환이 나타나듯이, 집안에도 군살이 붙으면 통풍이 어려워 병이 든다.

군살은 늘리기는 쉬워도 빼기는 어렵다. 몸이 무거우면 운동하고 싶어도 움직임이 둔해 힘이 배로 든다. 군살의 양이 적을 때는 그래도 큰 고생 없이 살을 뺄 수 있다.

:: 버리는 괴로움을 배워 정리의 달인으로 거듭나자.

집안에 있는 물건도 이와 마찬가지다. 많이 갖고 있을수록 시간과 고통이 늘어난다.

이번에 아이 방의 수납을 재정비하면서 부디 버리는 고통을 느껴보기 바란다. 그 고통이 학습 효과를 가져와 앞으로는 '버릴' 물건을 함부로 사지 않게 될 테니까.

버리기는 '버리지 않기'의 시작이다.

이 사실을 빨리 깨달을수록 인생을 살아가면서 시간과 돈을 덜 낭비하게 된다. '버리는' 행위는 앞으로 버리지 않기 위해 꼭 필요한 학습이다.

처분하는 데도 기준이 있다

😊 나이로 구분하기

육아 용품

출산 후 몇 개월 혹은 2~3년 사용하는 아기 침대나 아기 욕조 같은 육아 용품은 되도록 빨리 처분해야 한다. 만약 둘째를 출산할 계획이 확실하게 서 있다면 처분보다는 보관할 장소를 구상한다. 그렇지 않고 처분할 계획이라면 되도록이면 빨리 결정한다. 특히 육아 용품은 유행을 많이 타기 때문에 세상에 빨리 내보내야 누군가가 다시 활용할 수 있다. 만약 시기가 지나 물려주기도 어렵고 중고 시장에 내놓기도 뭣하다면 쓰레기로 보고 내다 버린다. 멀쩡한 물건을 버리기는 아까운 일이니 이런 물건을 처분할 때는 서둘러야 한다.

장난감과 그림책

아이들이 성장하면 안 쓰는 장난감이나 안 읽는 그림책이 나오기 마련이다. 개중에는 한동안 안 갖고 노는가 싶다가도 어느 날 문득 꺼내 다시 갖고 노는 것들이 있다. 만약 공간에 여유가 있으면 이런 물건들은 잠시 보관해둔다. 그러나 지금 한창 가지고 노는 장난감의 수납에 방해가 된다면 눈 딱 감고 처분하라.

그림책은 장소를 많이 차지하지 않는 편에 속하므로 책 상자에 넣어두거나 다른 추억의 기념품과 함께 모아둔다. 만약 그럴 공간이 없다면 아이가 좋아했던 그림책만 골라서 보관한다.

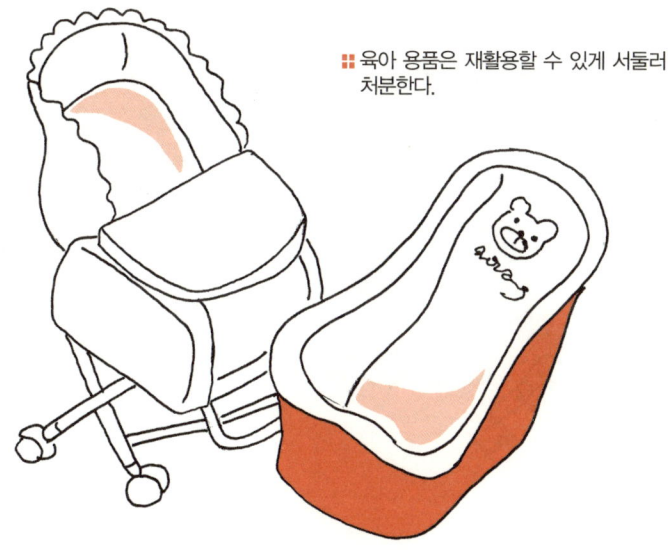

∷ 육아 용품은 재활용할 수 있게 서둘러 처분한다.

옷

아이들이 크면 입지 않는 옷도 늘어난다. 크기가 맞지 않아서 못 입게 된 옷, 입히기가 까다로워서 안 입힌 옷, 아이가 싫어해서 못 입히는 옷 등 이유도 다양하다. 만약 깨끗하게 잘 입어서 다른 누군가에게 도움이 될 옷이면 '쓰레기가 아닌 것'으로 분류하여 처분한다.

단, 처분할 때도 기준이 있다. 빨아도 얼룩이 지지 않는 옷은 아예 내다 버려라. 자신이 누군가에게 그런 옷을 받았다고 해보자. 디자인이 아무리 멋있고 소재가 아무리 좋아도 입고 싶지 않을 것이다. 내다 팔든 남을 주든, 그런 옷은 제외해야 한다.

∷ 장난감과 그림책은 좋아했던 것만 골라서 보관한다.

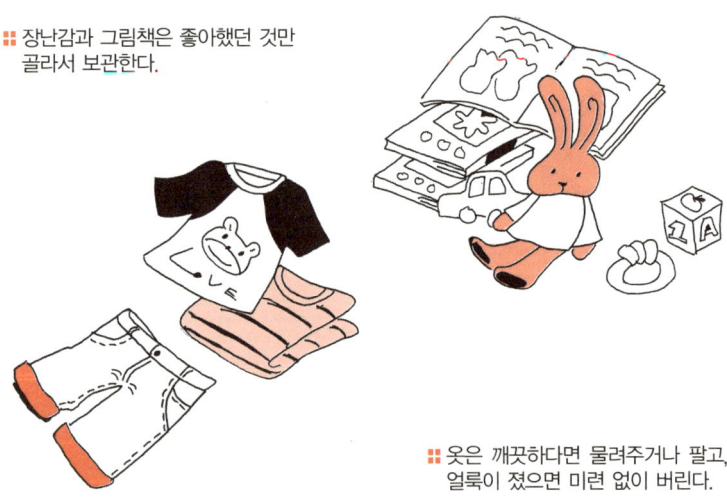

∷ 옷은 깨끗하다면 물려주거나 팔고, 얼룩이 졌으면 미련 없이 버린다.

학습 교재와 교과서

학습 교재도 결정을 내리기가 쉽지 않다. 이런 물건을 정리할 때는 앞으로 사용할 날이 올지 안 올지 꼼꼼히 따져봐야 한다.

특히 망설여지는 것이 영어 교재다. 이제 아이는 더는 보지 않는다. 그런데도 선뜻 처분하기가 망설여지는 이유는 비싸게 주고 샀는데 제대로 활용하지 못했기 때문이다.

내게도 그런 경험이 있다. 사실 아이들 교재를 제대로 활용하려면 부모가 그만큼 품을 들여야 한다. 아이 혼자서 사용할 수 있는

■ 학습 교재와 교과서는 자신의 시간적 여유를 따져서 보관 여부를 가린다.

교재는 많지 않다. 그런 점을 모르고 자신의 시간이나 성실함은 간과한 채 무턱대고 사들인 것이 실패의 원인이다.

  교재를 사들일 때는 그 교재를 충분히 활용할 수 있는 시간이 있는지, 그럴 만한 정신적인 여유가 있는지 먼저 따져봐야 한다. 그러나 나를 포함한 많은 부모가 덮어놓고 사들이고는 아이를 위해 무언가를 했다고 뿌듯해한다. 마치 어른들이 자주 사들이는 다이어트 용품과 같다. 살을 빼고자 하는 사람들은 다이어트에 관한 DVD나 건강용품을 자주 사들이는데, 그런 용품을 손에 넣자마자

▫▫ 교재를 처분할 때는 중고 시장이나 전문 중고 사이트를 찾아본다.

마치 살이 빠진 듯한 착각이 일어나 괜스레 만족감을 느낀다. 그러나 알다시피 사놓기만 해서는 아무런 변화가 일어나지 않는다. 아이 교재도 마찬가지다.

만약 아이가 아직 활용할 수 있고, 자신에게 여유가 있어 도와줄 수 있다면, 또한 그 교재를 넣어둘 공간이 있다면 그냥 보관해둔다. 정리와 수납의 4단계까지 실행하면 공간과 시간의 여유가 생길지도 모른다. 아니, 그렇게 되도록 해야 한다. 노력했지만 결국 활용하지 못했다면 그때 가서 처분하면 된다. 그리고 다음부터는 사들이기 전에 시간적 여유가 있는지 확인해보자.

학습 교재를 중고로 판매하는 것도 처분 방법의 한 가지다.

교재를 처분할 때는 중고 시장도 도움이 된다. 특히 교재나 책은 전문적인 중고 서점도 많아서 발행 연도나 보존 상태에 따라 값을 받을 수 있다. 물론 중고 사이트를 통해 직접 팔아도 된다. '교재·중고 판매' 또는 교재 이름으로 검색하면 각종 사이트나 적정 가격을 알 수 있다. 그냥 버리기가 아까워서 마냥 갖고 있었다면 이 방법을 꼭 써보기를 권한다.

🌀 공간으로 구분하기

물건의 보관 여부를 가릴 때는 '나이로 구분하는' 방법, 즉 시간으로 구분하는 방법 외에 '공간으로 구분하는' 방법이 있다. 먼저 물건을 놓을 공간부터 한정해둔다는 말이다. 하나 사면 하나 버리는 식이다.

사람은 포기할 줄도 알아야 한다. '누구네는 이것도 있고 저것도 있는데, 우리 집은 사더라도 들여놓을 데가 없구나.' 하고 부러울 때가 한두 번이 아니다. 하지만 어쩌겠는가, 형편이 그런 것을. 무턱대고 따라하지 말고 자신의 처지를 인정할 줄도 알아야겠다.

🌀 선물은 어떻게 할까?

정작 본인은 물건이 더 늘어나지 않게 하려고 애를 쓰는데, 할아버지나 할머니가 끊임없이 장난감을 사다줄 때도 많다. 앞으로는 그냥 오시라고 딱 잘라 말하기도 뭣하고, 가만히 참고 있자니 너무 많은 장난감 때문에 잔소리가 늘어나고……. 어디 잔소리뿐이랴, 늘어가는 물건 탓에 정리도, 청소도 엉망이 된다.

그때는 이렇게 말씀드려 보면 어떨까?

"늘 이것저것 챙겨주셔서 정말 고맙습니다. 그런데 횟수가 잦으면 혹시라도 아이가 선물을 당연하게 여겨 받아도 좋은 줄 모르게 될까 봐 걱정입니다. 생일이라든가 특별히 칭찬해주고 싶은 날에만 선물을 주시면 어떨까요? 그러면 아이도 더 좋아하고, 물건 귀한 줄도 알 것 같은데요."

꼭 이런 말이 아니더라도, 상대방의 마음을 헤아려가면서 이야기를 해보자. 자신이 들어도 그다지 기분 나쁘지 않을 말로 물건이 늘어나면 이러이러한 곤란한 점이 있다고 용기를 내어 말해볼 수도 있다.

그런가 하면 부모가 끊임없이 물건을 사 나르는 집도 있다. 아이와 잘 놀아주지 못해서 미안한 마음에 아이가 좋아할 만한 물건을 자꾸 사주는 것이다. 아이가 선물을 받고 좋아하는 얼굴을 보며 나름 위안을 받겠지만, 시간이 갈수록 아이 방은 그런 물건들로 뒤덮이게 된다.

'어? 우리 집도 그런 편인데…….' 하는 생각이 들면, '물건보다 마음'이라는 말을 한 번 더 새겨보라. 물건을 사러 다닐 시간에 아이와 이야기를 나누자. 대화도 육아의 하나다.

2단계 : 필요 없는 물건은 처분한다

혹시 쓰지 않는 어른들의 물건이 아이 방에 놓여 있지는 않은가? '아이의 행복을 위해' 더는 쓰지 않는 물건은 과감하게 처분하라. 조금 더 공간이 넓어지고 쾌적해지면 어린아이는 장난감을 늘어놓고 신나게 놀 수 있다. 공부해야 하는 아이는 보다 상쾌한 공간에서 집중력을 발휘할 수 있어 공부가 더 잘된다.

쓰지 않는 물건은 버리겠다고 마음을 다지자. 그리고 미련 없이 처분하라!

◉ 쓰레기 봉투와 골판지 상자를 준비한다

물건을 분류할 때는 쓰레기 봉투와 재활용 봉투, 골판지 상자를 준비한다. 쓰레기는 쓰레기대로 봉투에 담고, 재활용품은 재활용품대로 분류해서 내놓는다. 중고 시장에 내놓거나 누군가에게 물려줄 물건은 그것대로 상자에 담는다. 추억의 물건은 보관함에 담는다.

다른 누군가가 다시 쓸 수 있는 물건은 내다 팔거나 동사무소, 아름다운 가게, 녹색 가게 등에 기증해도 된다.

금속 제품은 반드시 재활용품으로 분리해서 배출해야 한다. 무슨 도움이 될까 싶지만 자원이 부족한 나라이니만큼 하나라도 더 모아 제대로 활용할 수 있게 해주자. 알면 자원이요, 모르면 쓰레기라 하지 않았던가? 내 나라를 생각하는 일은 내 아이의 미래를 생각하는 일과 같다.

🔘 잠깐, 아이의 작품은 쓰레기가 아니다!

물건을 분류해서 처분할 때 함부로 버려서는 안 되는 물건도 있다. 바로 아이의 공작 작품과 그림 등이다. 그건 쓰레기가 아니라 추억의 기념품이다. 이런 기념품은 훗날 다시 꺼내보았을 때 '그

∷ 아이의 공작 작품은 소중한 추억이다.

래, 우리 아이가 이때는 이랬는데…….' 하고 정겨운 느낌을 불러온다. 돈으로는 살 수 없는 소중한 물건이니 준비한 보관함에 잘 갈무리해 두자.

수납 방법은 128쪽의 추억의 기념품(작품, 작문, 성적표) 수납을 참조한다.

추억의 기념품을 보관하는 상자는 아이가 사회인이 되면 아이 물건이라기보다 부모의 기념품에 가깝게 되므로, 사회인이 될 때까지만 아이 방에 둔다. 세월이 흘러 어느 날 온 가족이 모인 데서 보관함을 꺼내보면, 부모의 감회도 남다르겠지만 자식들도 부모가 자기들의 물건을 이토록 소중히 간직해주었구나 하고 감동하게 될 것이다.

아이 방에 필요한 수납 가구

3단계 : '놓을 장소'를 정한다

4단계 : '넣는 방법'을 정한다

🎨 어떤 가구가 좋을까?

결론부터 말해서, 아이 방에 필요한 수납 가구는 이렇다.

① 책장(깊이 30센티미터)
② 선반 수납장(깊이 40센티미터)
③ 책상
④ 침대 또는 장롱
⑤ 옷장 또는 붙박이장
⑥ 서랍장

이 여섯 종류의 가구를 아이 방에 배치해두면 다 클 때까지 문제없이 쓸 수 있다.

아래의 그림은 3평짜리 아이 방에 여섯 점의 가구를 배치해놓은 모습이다. 방과 가구의 비율은 실제 크기와 같다.

▮▮ 아이 방에 가구를 배치한 모습이다. 아이 방에 필요한 가구는 정해져 있다.

이 가구들은 어떻게 활용해야 할까?

수납은 이런 식으로 정해진다.

　사람(아이)이 있다 → 그 사람이 행동한다 → 그 행동에 필요한 물건이 있다 → 그 물건의 자리를 마련해준다

자, 그럼 아이 방에서 아이가 어떤 행동을 하는지 생각해보자.

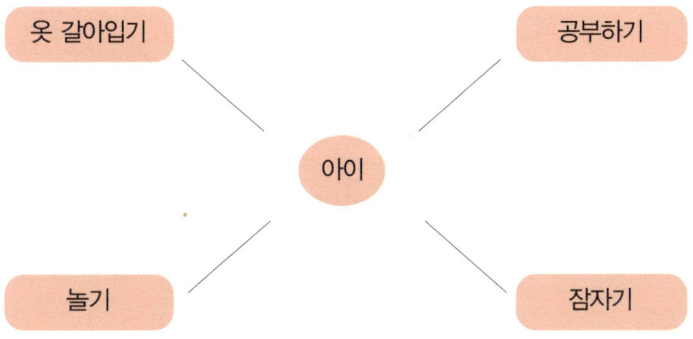

위의 그림과 같이 아이는 방에서 행동을 한다. 이제 생각해볼 것은 각 행동에 따라 어떤 물건을 사용하고 그 물건들을 수납하기 위해 필요한 수납장은 무엇인가 하는 것이다. 이를 위해 아이의 행동별 사용하는 물건과 필요한 수납 가구를 분류해 알아보기로 하자.

이 행동에 필요한 물건과 그 수납 방법은 다음과 같다.

아이의 행동 1 : 공부하기

사용하는 물건 : 책이나 교과서, 통신문·복사물, 문구류, 학습도구, 각종 가방, 추억의 기념품 등

필요한 수납 가구 : ① 책장 ② 선반 수납장 ③ 책상

사용하는 물건

  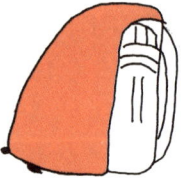

필요한 수납 가구

① 책장

② 선반 수납장

③ 책상

😊 책이나 교과서

교과서와 참고서는 당연히 책상에 있어야 한다.

놓을 장소는 책상에 앉아서 손이 닿는 위치다. 의자에 앉은 채로 넣고 뺄 수 있는 위치가 가장 좋다. 조금이라도 떨어져 있으면 다시 넣기가 귀찮아서 책상 위에 쌓아놓을 우려가 있다.

만약 114쪽의 그림처럼 이상적인 위치에 책장을 놓을 수 없다면, 다음 118쪽의 그림처럼 책상의 정면에 책꽂이가 들어가는 책장이 달린 책상을 고른다. 이 책꽂이에는 자주 쓰는 교과서나 참고서 등만 넣고, 보는 횟수가 적은 책들은 아쉬운 대로 좀 멀리 떨어진 곳에 둔다.

책장은 깊이가 30센티미터 이내인 제품을 고른다. 깊이가 너무 깊으면 안쪽의 책이 보이지 않아서 꺼내기가 어렵다. 114쪽의 아이 방처럼, 창문 아래에 단행본이나 만화책을 넣을 수 있는 깊이가 12센티미터~16센티미터인 선반 수납장을 놔두면 방이 좁아 보이는 일 없이 쉽게 정리된다.

무거운 책은 북엔드(book end)를 사용해서 확실하게 세워둔다. 비스듬히 쓰러지면 다른 책을 넣고 빼기가 어려워지고, 그러면 책 넣기가 귀찮아져서 다시 엉망이 된다. 이런 세심한 마무리에 신경을 쓰는 것이 중요하다.

책이나 교과서는 손이 닿는 책장에 두는 것이 좋다.

 '아이가 아직 어리니까 내가 볼 수 있는 곳에서 공부했으면 좋겠는데…….' 하는 사람은 거실에 아이의 책상을 놓아도 된다. 그러다 아이가 고학년이 되어 혼자서 공부할 시기가 되면 그때 옮겨 준다.

잘 쓰러지는 책이나 큰 책은 북엔드를 사용하자.

🍪 통신문 · 복사물

통신문 · 복사물은 보통 보호자용과 아이용이 있다. 보호자용을 놓을 장소는 부모가 쉽게 확인할 수 있는 거실 주변이다. 놓는 방법은 그림과 같이 넣고 빼기가 편한 서류함을 이용한다.

참가, 불참가 등 답장을 보내야만 하는 통신문은 투명한 서류철에 넣어 눈에 띄는 위치에 놔둔다. 눈에 띄어야 깜빡 잊고 넘어가는 일이 없다. 아이가 둘 이상이면 서류함이나 서류철을 색깔별로

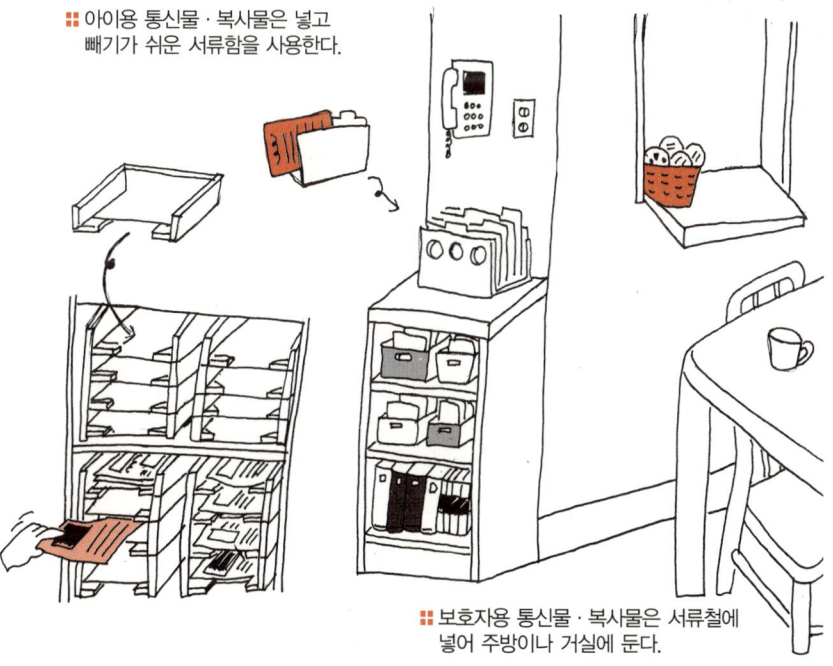

∷ 아이용 통신물 · 복사물은 넣고 빼기가 쉬운 서류함을 사용한다.

∷ 보호자용 통신물 · 복사물은 서류철에 넣어 주방이나 거실에 둔다.

준비한다.

아이용 통신문이나 복사물을 놓을 장소는 당연히 아이 방이다. 넣는 방법은 여러 가지로 시험해본 결과, 앞의 그림과 같이 책장에 서류함을 겹쳐놓고 종류별로 넣는 방법이 가장 유지하기 편했다. 장소는 좀 차지하지만 넣고 빼기가 참 쉽다. '수납지수'로 말하면 동작 수 제로의 편리한 수납이다.

<u>아이가 둘 이상이면 서류함을 색깔별로 준비하여
구분할 수 있게 한다.</u>

아이의 성격상 제대로 잘할 수 있을 것 같으면 A4 크기의 개별 서류철을 준비한다. 종류별로 끼워서 책장에 세워두면 장소가 절약된다. 이는 동작 수 1~2의 수납 형태다.

어느 쪽이든 모두 책장에 수납한다.

🔘 문구류

손 닿는 곳에 두어야 할 문구류는 지우개 하나, 연필 세 자루 등 개수를 정해서 그림과 같은 수납용품을 사용해 한곳에 모은 뒤 책상 위에 꺼내놓고 쓴다.

필요한 종류는 연필이나 색연필, 지우개, 스테이플러, 자, 풀, 연필깎이, 셀로판테이프 등이다.

필요한 개수만 꺼내놓고 나머지는 잘 쓰지 않는 문구류와 함께 책상 서랍에 넣는다. 만약 남아도는 문구류가 없으면 서랍장도 필요 없다.

문구류는 자주 선물하기도 하고 선물받기도 해서 심심치 않게

■ 문구류는 꼭 필요한 것들만 수납용품에 모아 책상 위에 둔다.

쌓이게 된다. 하지만 쓰는 물건들만 꺼내놓고 나머지는 한곳에 모아놓는 게 좋다. 놓을 장소는 아이 방보다는 가족 모두가 쉽게 찾을 수 있는 거실이 낫다.

넣는 방법은 작은 스테이플러의 심이나 지우개 등 얕은 서랍에 포개지 않고 넣고, 서로 뒤섞이지 않게 빈 상자를 이용해 칸막이를 해준다.

∷ 필기용품은 칸막이를 만들어 세워둔다.

긴 연필이나 펜 종류는 가늘고 긴 통(상자)에 넣는다. 우유팩에 그림처럼 칸막이를 끼워 종류별로 넣고, 이를 뚜껑 없는 상자에 넣는다.

자신이 쓰던 문구류가 다 닳았거나 없어졌으면 새로 구입하기 전에 일단 이 '문구류 재고 상자' 부터 살펴본다. 가족 모두가 이런 습관을 지니고 있으면 돈 낭비, 시간 낭비를 줄일 수 있다.

문구류를 여기저기에 흩어놓으면 의외로 장소도 많이 차지하고, 얼마큼 있는지 모르기 때문에 조금만 예쁘다 싶으면 마구 사들이게 된다. 그런데 같이 모아 일목요연하게 해두면 '충분하다'는 사실도 알게 되고, 처음부터 끝까지 제대로 다 쓸 수 있다.

문구류 재고 상자는 물건을 소중하게 여기는 마음을 길러준다.

벌써 20년도 지난 이야기지만, 어떤 선생님께서 요즘 애들은 지우개나 연필을 잃어버려도 찾으러 오지 않는다고 하셨던 말씀이 생각난다. 지금은 그때보다 더 풍족해져서 정말로 아이들이 물건을 함부로 다룬다. 경제적으로 풍족해지는 것은 좋지만, 자신의 물건을 아끼고 소중하게 다루는 습관만큼은 변하지 않았으면 좋겠다.

🔴 학습도구

학교에 다니다 보면 책 이외에 가방이며 그림도구, 악기, 공작 도구 등을 사게 된다. 그런데 이런 물건들은 크기가 다양해서 책장이나 서랍에 잘 들어가지 않는다. 그럴 때는 깊이가 40센티미터 정도되는 선반 수납장에 넣는다.

∷ 학습도구는 선반 수납장에 지정석을 만들어 라벨을 붙이면 안심.

책가방에는 그날 배우는 교과서가 들어 있으므로 책상 바로 옆에 두게 한다. 내용물을 넣고 빼기가 편하도록, 뚜껑을 연 채 그림과 같은 방향으로 놓게 한다.

라벨을 붙인 지정석을 만들면 물건을 찾기 쉽다.

깜박하기 쉽고 어디에 두었는지 헷갈리기 쉬운 체육복, 실내화, 급식판, 도서관에 반납해야 하는 책 등은 눈에 잘 띄는 곳에 지정석을 마련해준다. 그리고 물건마다 라벨을 붙여 놓으면 아무 데나 놓는 습관을 바로 잡을 수도 있고, 분실할 위험도 크게 줄어들게 된다.

🟠 각종 가방

각종 가방을 넣는 방법은 나란히 세워두거나 옷장에 매달거나, 둘 중 하나다. 잘 서지 않는 가방도 있으니 매달아 두는 방법이 좀 더 편리하다.

벽에 고리를 붙여 걸어도 되고, 옷장 아래쪽에 그림(126쪽)과 같이 압축 봉을 끼우거나 수납 봉을 달아 S자 고리로 가방을 걸어두어도 된다.

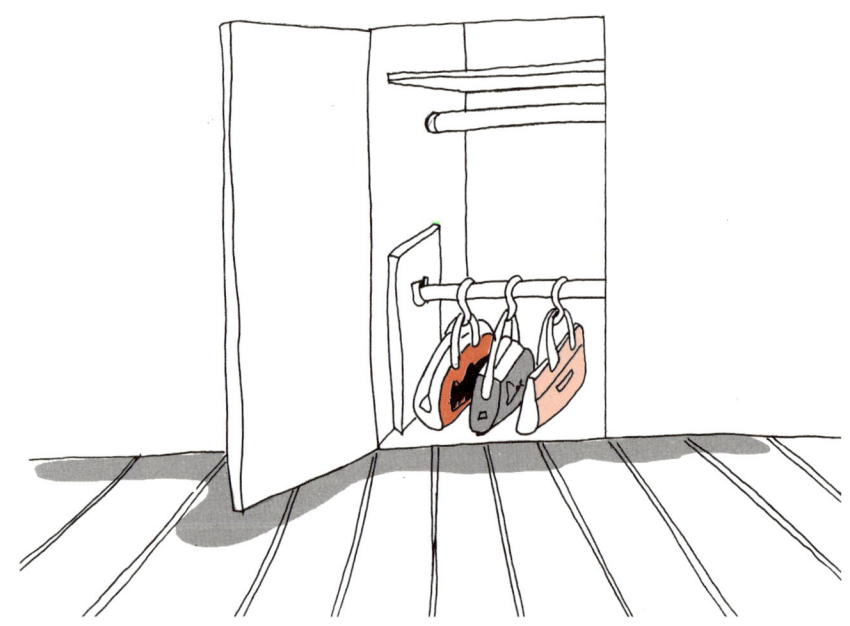

:: 각종 가방은 고리를 걸어 봉에 매달아놓으면 편리하다.

이렇게 하면 넣고 빼기도 쉽고 보기에도 깔끔하다. 아이의 키가 커서 옷 길이가 늘어나 옷장 아래쪽의 수납 봉이 거치적거리면 그때 가서 떼어낸다.

장롱이나 옷장에 따라 수납 봉의 위치를 옮길 수 있는 제품도 있으니, 무턱대고 사기 전에 먼저 확인하고 구입한다.

걸기가 어렵다면 선반 수납장에 세워두어도 된다. 단단해서 혼자 반듯하게 서 있을 수 있는 가방은 그대로 두고, 쓰러질 것 같은 가방은 북엔드로 고정해둔다. 가방을 꺼내면 그 자리가 빈자리로 남기 때문에 다시 갖다 넣기도 좋다.

아이의 눈높이에 맞추어서 위치를 정한다.

수납의 형태가 쉽고 편리하면 아이도 얼마든지 깔끔하게 정리할 수 있다. 아이의 눈높이에 맞춰서 쉽게 넣고 뺄 수 있는 위치와 방법을 마련해주자.

🎯 추억의 기념품(작품, 작문, 성적표 등)

이런 물건들을 놓을 장소는 역시 아이 방이다. 옷장 아래나 붙박이장 아래가 좋다. 넣는 방법은 아이가 스스로 넣고 뺄 수 있는 플라스틱 서랍을 이용하는 것이 편리하다. 유치원이나 어린이집에서는 이런 기념품들을 자주 보내오는데, 횟수가 많으니 뚜껑식보다도 서랍식이 편리하다.

아이가 작품을 가지고 돌아오면 바로 넣지 말고 일단 집안에 장식을 해주자. 아이가 어릴 때는 거실처럼 눈에 잘 띄는 곳에 따로 전시

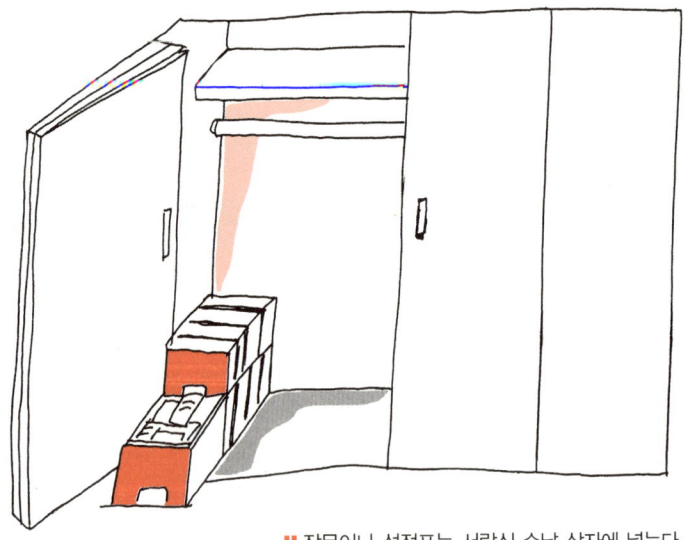

∷ 작문이나 성적표는 서랍식 수납 상자에 넣는다.

공간을 마련해서 그곳에 장식한다. 아이도 무척이나 좋아한다.

일단 전시했다가 다른 작품을 갖고 오는 바람에 전시 공간이 좁아지면 그때 서랍식 수납 상자에 담는다. 그런데 워낙에 가지고 오는 횟수가 많다 보니 상자는 금세 차버린다. 이럴 때는 사진으로 남겨놓고 실물은 눈물을 삼키며 처분하거나 부서질 때까지 신나게 갖고 놀게 한다.

아이만의 전시 공간을 마련해준다.

그림이나 성적표처럼 종이로 된 것들은 부피를 많이 차지하지 않으므로 크기에 맞게 접거나 그대로 넣어둔다. 시중에는 아이의 그림을 넣을 수 있는 전용 서류함이 나와 있는데, 생각보다 크기가 크므로 일단 보관해둘 자리가 있는지 확인하고 나서 산다. 마음에 들어서 일단 샀는데 둘 데가 마땅치 않으면 짐만 된다.

아이가 무언가 공작 작품을 들고 왔는데 딱 보기에도 서랍에 들어갈 수 없을 만큼 큰 작품이라면, 망가지기 전에 얼른 들고 있게 하여 사진을 찍어둔다. 그렇게 하면 만든 시기도 알 수 있고 부피도 차지하지 않는다. 사진은 인화하여 보관함에 넣는다.

아이의 행동 2 : 잠자기

사용하는 물건 : 침구

필요한 수납 가구 : ② 선반 수납장 ④ 침대 또는 장롱

사용하는 물건

필요한 수납 가구

② 선반 수납장　　　　　④ 침대 또는 장롱

🍪 침구

침대를 쓰면 이불이 많지 않아도 될 것 같지만, 계절에 따라 덮는 이불이 달라서 뜻밖에도 수납공간을 많이 차지한다. 침구를 놓을 장소는 옷장이나 장롱의 위쪽 선반이다.

넣는 방법은 이불 보관함을 이용해 최대한 부피를 줄여서 넣는다. 나는 주로 오리털 이불을 쓰는데, 이런 제품은 부피가 매우 줄어들어 깊이가 40센티미터인 선반에도 쏙 들어간다.

매트나 커버는 햇빛 좋은 날 아침 일찍 빨아서 널어두면 그날 바로 끼울 수 있어 별도의 예비 제품이 필요 없다. 그러나 아이가 땀을 많이 흘리거나 자다가 오줌을 싸는 나이라면 필요한 만큼 예비 제품을 준비한다.

침구를 수납할 때도 '아이가 쓰는 물건은 모두 아이 방에 넣는다'라는 사고방식을 고수해야 한다. 되풀이해서 말하지만, 어찌 되었든 간에 정해진 공간 안에서 자신의 물건을 변통할 줄 아는 능력은 장차 자기 관리 능력으로 이어진다. 물론 수납 능력에도 영향을 끼친다.

사실 붙박이장이나 장롱이 없으면 침구를 수납하기가 어렵다. 특히나 전체 평수는 작은데 방의 개수가 여럿인 아파트에서는 작은방에 침대나 장롱을 들여놓기가 참으로 난감하다. 침구를 수납

■■ 침구는 속 재료가 깃털이면 부피가 확실히 줄어든다.

할 수 있는 전용 가구는 자리를 차지하는 게 문제다.

어떤 집에서는 하는 수 없이 방 한쪽 구석에 이불을 개어놓기도 하는데, 그다지 좋은 방법은 아니다.

"이불은 어쩐담?" 하고 나중에 난감해하지 않으려면, 방의 배치를 결정할 때부터 침구의 지정석을 정해두어야 한다. 갠 이불은 최저 1m×70센티미터의 공간이 필요하다.

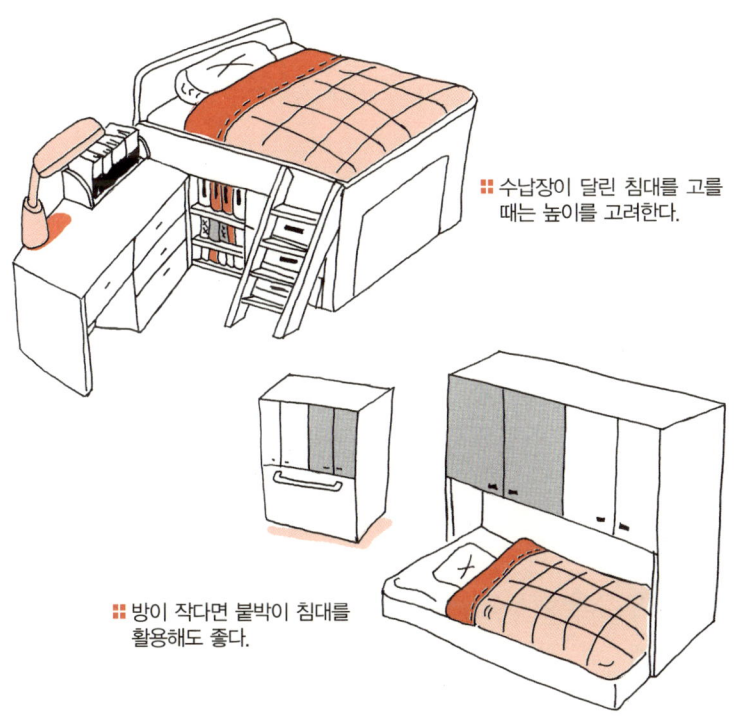

■ 수납장이 달린 침대를 고를 때는 높이를 고려한다.

■ 방이 작다면 붙박이 침대를 활용해도 좋다.

아니면 그림과 같이 아예 수납장이 붙어 있는 침대를 사용해도 된다. 주의할 점은 침대의 높이다. 눕는 위치가 너무 높으면 무서운 느낌이 든다. 활용도가 많아 보여서 샀다가 아이가 무서워해서 써보지도 못하는 집이 의외로 많다. 이런 침대를 고를 때는 꼭 높이를 확인하자.

아예 수납장으로 들어가는 붙박이 침대도 있다. 값이 싸지는 않지만 방이 작으면 고려해볼 만하다. 넓은 집을 장만하는 것보다는 경제적인 측면에서 부담이 없기 때문이다.

<u>수납장이 달린 침대나 붙박이 침대를 사용하면
공간을 절약할 수 있다.</u>

공간 절약형 가구를 잘 배치하면 가구 자체의 크기 때문에 방이 좀 좁아지기는 하지만 필요한 수납공간을 충분히 확보할 수 있어서 좋다.

아이의 행동 3 : 옷 갈아입기

사용하는 물건 : 옷

필요한 수납 가구 : ② 선반 수납장(깊이 40센티미터), ⑤ 서랍장, ⑥ 옷장 혹은 붙박이장

사용하는 물건

필요한 수납 가구

② 선반 수납장

⑤ 서랍장

⑥ 옷장 또는 붙박이장

🔘 행거에 거는 옷

일부 옷은 옷장 또는 붙박이장에 건다.

옷장의 수납 봉은 대개 아이의 손이 닿지 않는 높은 위치에 있다. 가방 수납 때와 마찬가지로 수납 봉을 낮은 위치로 옮겨 사용하기 편리하게 해주자. 어릴 때는 행거에 거는 옷이 적긴 한데, 원복은 되도록 걸어서 보관해야 주름이 생기지 않는다.

⁝⁝ 수납 봉을 달 때 그림처럼 U자형 지지대를 쓰면 높이를 조절할 수 있다.

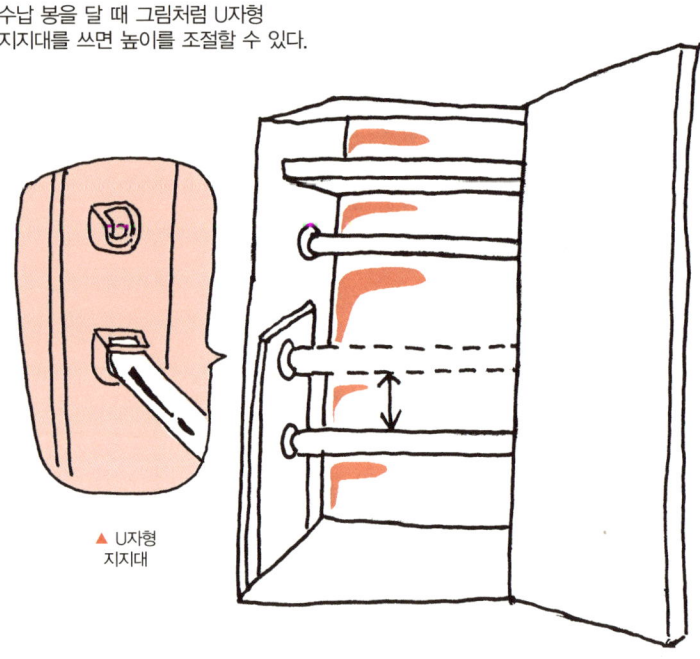

▲ U자형 지지대

🔘 겉옷(치마, 바지, 셔츠, 운동복 등)

겉옷은 문이 있는 선반 수납장에 착착 개서 넣는다. 크기가 100센티미터 이하의 옷은 개면 너무 작아지므로 서랍에 넣는다. 그렇지 않은 옷은 잘 개서 칸마다 여러 장을 겹쳐놓는다.

적당한 수납 가구는 깊이 40센티미터의 선반 수납장이다. 학습도구를 수납하는 가구와 같으므로, 아예 같은 크기의 가구를 두 점 준비해도 되고, 그럴 형편이 아니면 하나를 준비해서 같이 써도 된다.

▪▪ 겉옷은 문이 있는 선반 수납장에 넣으면 보기도 좋고 고르기도 편하다.

서랍장보다 선반 수납장을 쓰는 이유는 문만 열면 모든 옷이 한눈에 들어와 아이가 스스로 옷을 고르기가 좋기 때문이다.

😊 속옷이나 양말 등

속옷이나 양말은 차곡차곡 개거나 돌돌 말아서 서랍장에 한 겹으로 배열한다. 놓을 장소는 옷장 옆이다. 의류를 한곳에 모아두면 옷 갈아입기가 쉬워서 옷이 너저분해지지 않는다.

서랍은 한 동작으로도 넣고 빼기가 가능하다. 플라스틱 서랍을 사서 옷장 안에 넣어놓고 쓰는 사람도 많은데, 그러면 문을 열고 서랍을 잡아당겨야(동작 2) 하기 때문에 귀찮아져서 제대로 정리하

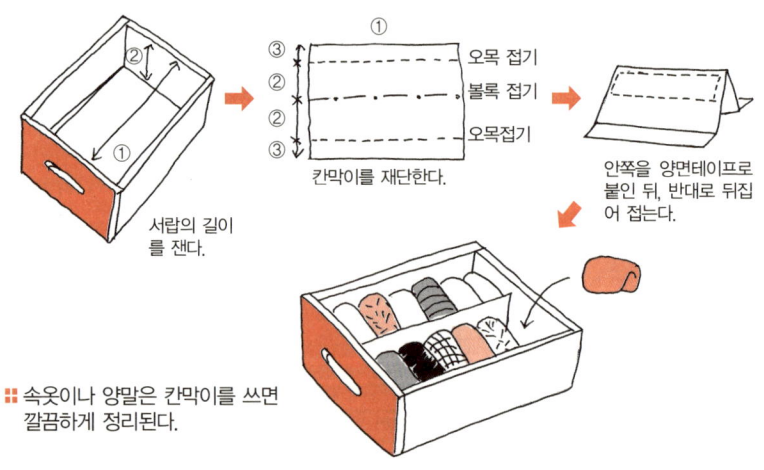

■■ 속옷이나 양말은 칸막이를 쓰면 깔끔하게 정리된다.

지 않을 때가 잦다. 말끔한 상황을 원한다면 언제 어디서나 동작 1을 고수하자!

여러 종류의 속옷이나 양말을 한 서랍에 넣는 사람도 있다. 이렇게 하면 내용물이 마구잡이로 뒤섞인다. 깔끔한 상태를 유지하려면 헝클어지지 않도록 '세로 방향'으로 칸막이를 넣는다. 그림 138쪽처럼 칸막이를 끼우면 보기에도 깔끔하고, 빈 상자를 이용하는 것보다 양도 많이 들어간다. 한 번만 품을 들이면 아래와 같이 두고두고 이득이다.

- 지정석이 확실해진다.
- 빨아놓은 옷을 아이 스스로 넣을 수 있어 습관을 들이기 좋다.
- 속옷이나 양말이 얼마만큼 있으면 되는지 알 수 있어 낭비할 일이 없다.
- 한눈에 들어오기 때문에 아이가 스스로 고를 수 있다.
- 꺼낼 때 다른 옷을 흩뜨리지 않는다.
- 작아진 옷을 금방 알 수 있다.

서랍장의 깊이는 12센티미터~15센티미터가 좋다. 너무 깊은 서랍은 공간 낭비가 될 수 있다. 새로 준비할 생각이라면 깊이를 꼭 확인한다. 만약 기존의 서랍이 너무 깊다면 종류가 다른 옷을 위아래로 겹쳐놓지 않도록 주의한다. 밑에 깔린 옷은 아예 입어보지도 못하고 넘어갈 때가 잦다. 넣는 방법은 다 갰을 때 접은 면의 바깥쪽이 위로 오도록 한다. 그래야 다른 옷을 뒤적거리거나 정돈된 상태를 흩뜨리지 않고 원하는 옷을 바로 꺼낼 수 있다.

침대 아래나 옷장 깊은 곳에 플라스틱 서랍을 넣어두는 집도 많은데, 아주 꼼꼼하고 성실한 아이가 아닌 한 제대로 활용하지 못한다. 깊숙한 곳에, 그것도 여러 겹으로 겹쳐진 옷은 눈에 잘 띄지도 않고 넣고 빼기도 성가시다. 서랍장을 사들일 때는 한 겹으로 가지런하게 배열할 수 있는, 깊이가 얕은 제품을 고른다.

■■ 속옷이나 양말은 개었을 때 **접은** 면의 바깥쪽이 위로 오게해서 서랍에 넣는다.

칸막이를 넣으면 정리하기 쉽다.

12~15센티미터

🙂 아직 큰 옷과 작아진 옷

아이를 키우다 보면 아직 입기에는 큰 옷들을 누군가에게 물려받기도 하고, 일부러 오래 입히려고 품이 넉넉한 옷을 사기도 한다. 이런 옷들은 크기별로 나누어 선반 수납장이나 서랍장에 넣는다. 지정석을 정해주고 라벨까지 붙여두면 "나중에 입히려고 놔두었는데 어느새 작아졌네. 아까워라!" 하고 후회할 일이 없다.

▪️ 아직 큰 옷은 크기별로 나누어 보관하면 잊지 않고 활용할 수 있다.

아이의 행동 4 : 놀기

사용하는 물건 : 장난감, 게임기, 만화책 등

필요한 수납 가구 : ① 책장(깊이 30센티미터) ② 선반 수납장(깊이 40센티미터)

사용하는 물건

 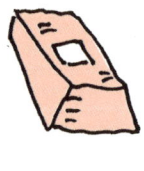

필요한 수납 가구

① 책장(깊이 30센티미터)   ② 선반 수납장(깊이 40센티미터)

🍪 선반 수납장은 수납의 만능선수

이번에도 역시 선반 수납장이 기능 면에서 우수하다.

- 큰 장난감은 그대로 선반에 넣는다.
- 작은 장난감은 상자나 바구니에 모아서 선반에 넣는다.
- 퍼즐처럼 두께가 얇은 장난감은 선반의 수를 늘려서 보관한다.
- 만화책처럼 크기가 작은 책들은 깊이가 12~16센티미터인 선반이 더 알맞다.

아이라고 늘 장난감만 가지고 놀지는 않는다. 이따금 음악을 들으면서 느긋하게 쉬기도 한다. 어학 공부도 할 수 있고 음악도 들을 수 있는 미니 컴포넌트는 선반 수납장에 넣어야 장소도 덜 차지하고 활용하기도 좋다.

앞에서 살펴보았듯이, 깊이가 30센티미터, 40센티미터인 선반 수납장이 있으면 아기 때부터 어른이 될 때까지 두고두고 쓸 수 있다. 그때마다 쓰는 물건이 달라도 선반의 높이만 조절해주면 별다른 비용이 들지 않는다.

| 0~3세 | 3~4세 | 유치원~초등학교 저학년 |

▇▇ 선반 수납장이 있으면 수납이 쉬워진다.

- 0~3세 : 기저귀, 수건, 아직 입기에는 큰 옷이나 장난감, 중고로 내다 팔거나 누군가에게 물려줄 물건들
- 3~4세 : 장난감, 그림책, 옷 등
- 유치원~초등학교 저학년 : 장난감, 게임기, 각종 가방, 그림책, 옷 등
- 중학생~대학생 : 책, 가방, 오디오류, CD나 DVD, 옷, 화장품 등

깊이가 30센티미터와 40센티미터인 두 종류의 선반 수납장만 있으면 여러 종류의 물건을 효율적으로 수납할 수 있다.

🔴 선반 수납장을 고를 때 주의할 점

①선반의 위치를 자유롭게 바꿀 수 있어야 한다. 선반의 위치를 조정할 수 있는 구멍이 뚫려 있는지 확인한다. 높이 조절이 자유로우면 물건을 겹쳐놓지 않아도 되므로 넣고 빼기가 수월하다.

②선반의 수를 늘리고 싶을 때 추가할 수 있어야 한다. 선반의 수가 많으면 두께가 얇은 놀이판마다 지정석을 정해줄 수 있다.

③깊이가 40센티미터 이상인 선반은 피한다. 물건의 크기는 주로 40센티미터 이내다. 깊이가 깊으면 앞뒤로 다른 물건을 넣게 되고, 넣고 빼기가 어려워서 결국 지저분해진다.

■ 선반 수납장은 높이를 조절할 수 있어서 편리하다.

🔴 선반 수납장의 활용도를 높여주는 네 가지 수납용품

선반 수납장이 좋다고 물건을 마구 넣으면 보기에도 좋지 않고 쓰기도 어렵다. 편하고 깔끔하게 쓰려면 다음의 네 가지 용품을 활용한다.

① 북엔드 : 책처럼 잘 쓰러지는 물건에 사용한다.
② 서류함 : 종이 등을 분류해서 수납할 수 있다.
③ 뚜껑이 없는 상자 : 분류해놓은 물건을 한곳에 모아둘 수 있다.
④ 서랍(얕은 것과 깊은 것) : 한 겹으로 물건을 배열해서 수납할 수 있다.

선반 수납장과 네 가지 용품을 적절히 조합하면 목적에 맞게 물건을 분류해놓을 수 있다. 그러면 한두 동작만으로도 물건을 넣고 뺄 수 있어 정리 잘하는 아이로 자란다.

🔴 깊이가 다른 선반 수납장을 겹쳐놓는다

선반 수납장이 편리하기는 하지만 30센티미터와 40센티미터의 선반을 나란히 놓으면 공간을 많이 차지한다. 공간을 절약하고 싶

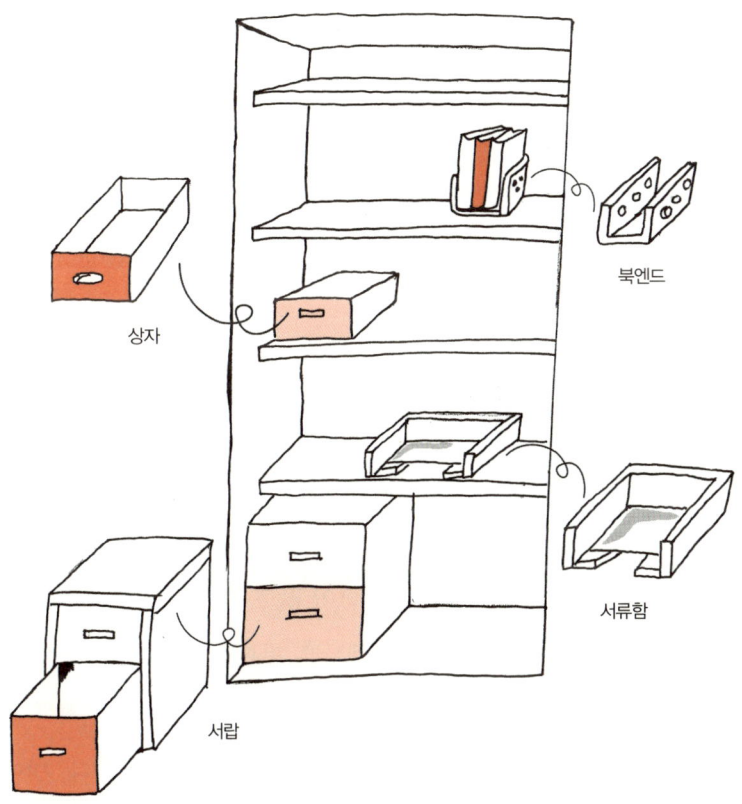

:: 선반 수납장의 활용도를 높이는 네 가지 용품으로 수납을 완벽하게 해보자.

다면 위 그림과 같이 책상 높이에 맞춰 40센티미터의 선반을 들여놓고, 그 위에 30센티미터 선반을 놓는다. 그러면 안정감도 있고 두 가구를 모두 쓸 수 있다.

🔴 책상보다 수납 가구부터

아이 방의 가구를 갖출 때도 우선순위가 있다.

① 책장(깊이 30센티미터)
② 선반 수납장(깊이 40센티미터)
③ 침대 또는 장롱
④ 책상
⑤ 옷장 또는 붙박이장
⑥ 서랍장

책상을 가장 먼저 준비하는 사람이 많겠지만, 사실은 물건을 수납할 가구부터 마련해야 한다. 책상은 필요할 때만 펴는 좌식 책상으로 대체해도 되지만, 수납 가구는 그럴 수가 없다. 먼저 수납 가구의 공간부터 확보하고, 나중에 책상 자리를 결정한다. 방이 작을 때는 옷장과 서랍장을 다른 곳에 놓아도 된다.

🔴 처음부터 다 갖추지 않아도 자리는 정해둔다

여섯 점의 가구를 처음부터 다 들이지 않아도 된다. 그러나 '장

차 이 자리에 이걸 놔야지.' 하고 자리만큼은 미리 정해놓는다. 왜냐하면 아이가 자라도 방의 넓이와 필요한 가구는 크게 변하지 않으니까.

계획적으로 갖추면 책상이 너무 커서 침대 놓을 자리가 없다는 식의 후회를 하지 않게 된다.

:: 아이 가구를 사는 데도 순서가 있다.

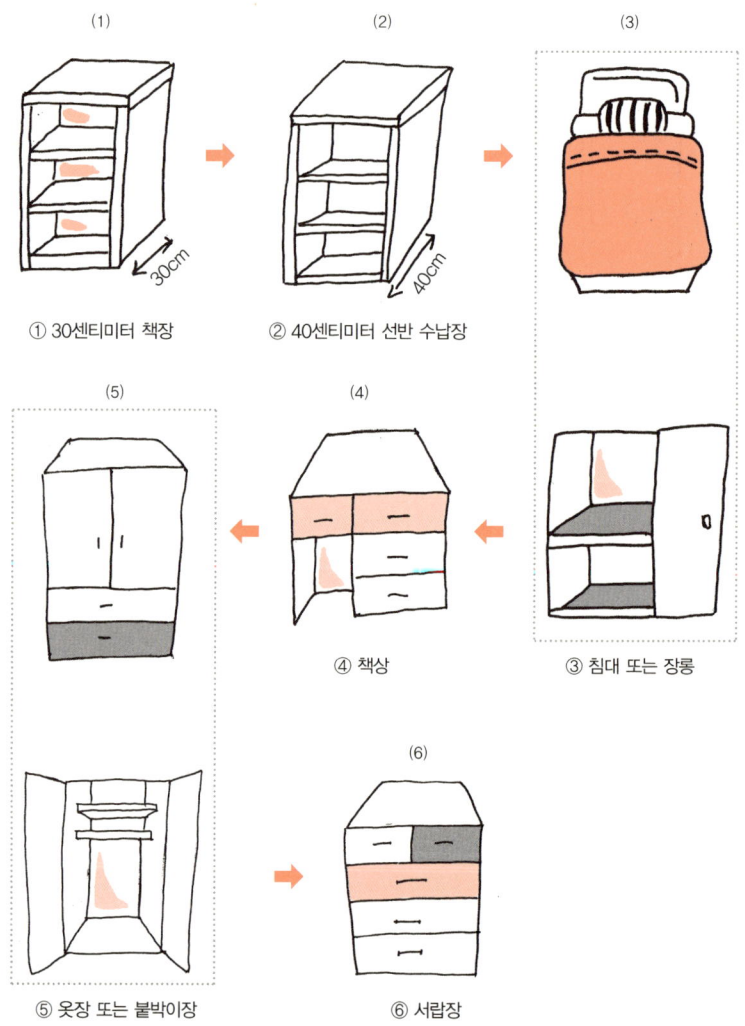

잘 정돈된 쾌적한
상태를 유지하자

5단계 : 쾌적한 상태를 유지한다

정리된 상태를 유지하려면 어쨌든 '다 쓰고 난 물건을 제자리에 갖다 놓아야' 한다. 이것이 앞서 73쪽에서 말한 '정리'다.

일단 수납을 재정비했다면 이제는 '늘리지 않는' 일만 남았다. 사실 아이들 물건은 갈수록 늘어난다. 그러니 쓸데없이 더 보태지 않도록 조심해야 한다. 단, 너무 신경을 곤두세우지는 마라.

이런 경험을 한 적이 있다. 부모님께서 여행을 가셨다가 손자 준다고 관광지에서 금색으로 번쩍거리는 '도깨비 방망이'를 사오셨다. 나는 그 장난감을 본 순간 '이걸 어디에 쓰라고……' 하며 실망을 금치 못했다. 그런데 내 예상은 완전히 빗나갔다. 한번은 아이에게 도깨비가 나오는 그림책을 읽어주었는데, 아이가 후다

:: 아이들 물건은 언제 어떻게 쓰일지 예측하기 힘들다.

닥 뛰어나가 그 방망이를 들고 오더니 이리저리 흔들며 아주 좋아했다. 별 쓸모도 없어 보였는데 이렇게 활용되는구나 하고 그때 새삼 깨달았다.

물건을 항상 제자리에만 놓아도 방은 정리된다.

아이들 물건은 언제 어떻게 쓰일지 예측하기 어렵다. 그래서 나는 수납할 자리가 없을 때만 적당한 선에서 처분하는 편이다. 이것이 내가 아이 방의 수납 형태를 유지하고 관리하는 요령이다.

수납을 재정비하는 일은 아이를 위한 선물

아이 방의 수납을 재정비하려면 시간도 들어가고 돈도 들어간다. 그러나 깊이도 어중간하고 높이도 조절되지 않는 수납 가구를 대충 들여놓으면, 정리하는 습관을 붙여주기가 어렵다. '스스로 정리하는 생활 습관'은 장차 자립으로 이어진다.

수납 가구를 들이는 데 들어가는 돈은 아이의 생활습관을 잡아주는 '아이를 위한 선물'이라고 생각하자. 어디 그뿐인가? 정리가 쉬워지면 잔소리할 일도 없고, 부모도 시간적인 여유를 갖게 된다. 이왕 이 책을 접했으니, 이번 기회에 차근차근 계획을 세워 수납을 재정비해보면 어떨까?

Part 4

정리하는 습관을
길러주는 몇 가지 요령

....

잘 수납되어 있으면 아이가 쉽게 정리할 수 있어
자기 관리 능력이 향상된다!

정리하는 습관은 아이를
위한 선물

정리 잘하는 아이로 키우려면

😊 아이에게 치우라고 야단치기 전에

자, 집안을 둘러보자. 물건마다 지정석이 있는가?

절대로 잊지 마라. 정리 좀 하라는 '잔소리(가정교육)'는 물건마다 지정석을 마련해주고 난 다음에 해야 한다.

지정석 없는 상태에서 좀 치우라고 잔소리를 하는 것은 휴지통도 없으면서 "휴지는 휴지통에 버려!" 하고 말하는 것과 같다. 넣고 빼기 편한 지정석이 마련되어 있어야 비로소 나무랄 자격이 있다.

우리는 지금까지 아이 물건을 수납해두는 구체적인 방법을 알아보았다. 꼭 아이 방이 아니더라도 '물건을 수납하고 정리하는 다섯 가지 단계'를 찬찬히 밟아 나가면 쾌적한 환경을 유지할 수 있다. 아이를 가르치려 하기 전에 지정석부터 확인하자.

😊 정리하는 습관은 빠를수록 좋다

아기가 아장아장 걷기 시작하면 한번 시험해보자.

블록 몇 개를 바닥에 꺼내놓고 엄마가 먼저 블록 하나를 집어 블록 상자에 넣는 시범을 보여준다. 그러고는 아이가 엄마를 따라 똑같이 할 수 있는지 본다.

아기가 해내면 다음 단계로 넘어간다. 블록 옆에 인형을 같이 꺼내놓고 블록은 블록 상자에, 인형은 인형 상자에 넣는다. 아기가 따라할 수 있으면 분류 능력이 생겼다고 보면 된다.

아기마다 발달 정도가 다르므로 무리하게 강요하지 말아야 한다.

∷ 아이가 할 수 있는 일부터 시작하자.

아기를 잘 관찰하면서 조금씩 가르쳐야 한다. 일단 아기가 해내면 "어머나, 이런 일도 할 줄 아는구나. 정말 잘했어!" 하고 듬뿍 칭찬해준다. 아기는 칭찬을 받거나 엄마와 아빠가 좋아하는 모습을 보면 같은 행동을 더 하려고 든다. '의욕'이 샘솟는 것이다.

물론 아기가 엄마 뜻대로만 움직이지는 않는다. 한번은 우리 아이가 휴지를 휴지통에 잘 갖다버리기에 신이 나서 칭찬을 했더니, 멀쩡하거나 중요한 물건까지 마구 갖다 버려서 도무지 방심할 수가 없었다.

아이에게 정리하는 습관을 길러주기 위해서라도 우선 집부터 정돈해보자. 가사 시간을 줄여서 시간에 여유가 생기면 아이를 훈육하는 데도 조급한 마음이 들지 않는다.

😀 우선은 제자리에 갖다놓는 일부터

아이의 발달에 맞춰서 간단한 일부터 시작해보자. 그림책을 보았다면, 꼭 책장에 제대로 끼워놓지 못하더라도 책장에 가져간 그 자체만으로 칭찬을 해주자. 블록이며 인형도 바구니 안에 집어넣는 일부터 시작하자.

나무 블록은 대개 정해진 상자 안에 질서정연하게 넣어야 깔끔하게 들어간다. 그런데 처음부터 가지런하게 넣으라고 한들, 할 수 있을 리 없다. 아이의 발달 수준에 맞춰서 할 수 있는 행동부터 시켜야 한다. 아이 수준에 맞춰줘야 '물건을 쓰고 제자리에 갖다 놓는 습관'이 빨리 몸에 밴다.

처음에는 엄마가 옆에서 시범을 보여주며 같이 정리한다. 아이가 별 흥미를 보이지 않으면 이렇게도 해보고 저렇게도 해보고, 재미있게 할 수 있는 방법을 짜낸다. "엉엉, 부릉부릉 자동차가 집에 돌아가고 싶어서 울고 있어. 우리가 집에 데려다줄까?" 하고 물건을 의인화하면 공감대가 형성되어 의욕이 샘솟는다. 모두 엄마 하기 나름이다.

우선은 제자리에 갖다 놓는 일부터 시작한다.

😊 정리하면 편해진다는 사실을 느끼게 해주자

좀 엉터리이긴 하지만 그래도 제자리에 갖다 놓게 되었다면, 이번에는 제대로 정리하면 어떤 이점이 있는지 알게 해보자.

예컨대, 그림책을 책장에 갖다 놓을 때는 제목이 보이도록 세워놓아야 나중에 빼기 좋다는 걸 알게 해보자. 블록도 본래 들어 있던

■ 정리해놓아야 다음번에 갖고 놀기가 좋다고 알아듣게 타일러보자.

상자를 꺼내와 차곡차곡 정리하는 방법을 알려준다. 절대로 강요하면 안 된다. 발달 단계에 맞춰서 천천히 재미있게 시도해보자.

아이들이 크면 하기 싫다고 게으름도 피운다. 그럴 때도 지혜를 짜내야 한다. 한번은 우리 큰 아이가 무거운 셀로판테이프 커터기를 바닥에 둔 채 치우지를 않아서 한창 걸음마를 배우던 작은 아이가 발에 걸려 넘어진 적이 있다. 나는 큰 아이를 비난하거나 혼내지 않았다. 대신 정리가 왜 중요한지를 차분하게 설명했고, 아이는 예전보다 훨씬 더 정리를 잘하게 되었다.

🔴 만 3세 전에 정리하는 습관의 기초를 잡아주자

자립해서 살아가려면 '자신의 일을 스스로 할 수 있어야' 한다. 정리하는 습관도 그런 능력 중에 하나다. 수납이 편하면 그런 습관을 들이기 좋다.

그럼 언제부터 시작해야 할까? 만 3세~만 4세까지는 어느 정도 기초를 잡아주는 편이 좋겠다. 이 나이의 아이들은 비록 지식이나 경험은 부족하지만, 어른처럼 조리에 맞게 생각할 줄 안다. 잘 설명하면 이해하고 실천할 수 있다는 말이다. 또한 예부터 세 살 버릇 여든까지 간다고 하지 않았던가?

시기를 따지지 말고 그저 태어난 때부터 '자립'을 목표로 본인이 할 수 있는 범위에서 즐겁게 실천하도록 도와주자.

조급한 마음을 버리고 다정하게 타일러가며 같이 하다 보면 3세~4세 정도에는 어느 정도 기초가 잡히게 된다.

🔴 야단치기보다는 칭찬을

칭찬이 좋다는 말은 누구나 알고 있다. 그러나 화부터 나는 것이 인지상정이다. 그런데 어른도 그렇지만, 혼이 나면 누구나 의욕이 감퇴한다. 화가 나는 상황이 발생하기 전에 다양한 방법으로 칭찬을 해보자.

칭찬을 할 때는 제삼자를 슬쩍 끼워 넣는 것이 효과적이다. "영우 엄마가 너는 어쩜 그렇게 자기 방을 깨끗하게 정리하느냐고 감탄하시더라. 엄마도 아주 으쓱했어." 이런 말을 해주면 아이는 대수롭지 않게 "그래요?"라고 대답하면서도 속으로는 '앗싸!' 하고 좋아한다.

또한 너무 지나치지 않도록 조심해야 한다. 늘 칭찬만 하면 타성에 젖어서 효과가 없다. 아이가 초등학생쯤 되면 게으름을 피우며 물건을 아무 데나 놓기 시작한다. 그럴 때는 주의도 주어야 한다.

■ 무작정 화를 내기보다 칭찬으로 의욕을 줄 수도 있다.

그래도 하지 않으면 야단도 친다. 부모는 이 '야단치기'와 '칭찬하기'를 적절히 잘 섞어서 사용해야 한다.

육아는 절대로 쉽지 않다. 끈기도 있어야 하고. 참을성도 있어야 하고, 지혜도 짜내야 한다. 가정교육이 중요하다고들 하는데, 그처럼 어려운 일도 없다. 그래도 부모가 되었으니 편안하게 마음먹고 즐겁게 가르치자.

😈 이런 아이로 자라면 오히려 부모가 고생

아이가 말끔하게 정리하는 모습보다 "이렇게 되면 큰일이야!" 싶은 모습을 상상해보자. 아마 절대로 수납과 정리를 소홀히 할 수 없을 것이다.

지금 소개할 예는 모두 실화다.

한번은 나이가 지긋하신 할머니가 강좌를 들으러 오셨다. 그 할머니는 자신의 집을 정리하려고 온 것이 아니라, 결혼한 딸을 '정리를 하며 살아가는 사람'으로 만들기 위해 왔다고 했다.

할머니의 딸은 도무지 정리할 줄 모르는 사람이었다. 아무래도 가정교육을 잘못한 탓이지 싶어 할머니는 정기적으로 딸의 집을 찾아가 대신 청소해주었다고 한다. 그런데 어느 날 사위가 "장모님이 오셔서 도와주시니 참 고맙습니다. 그런데 아내가 좀 스스로 했으면 좋겠어요." 하고 말하더란다.

"그 말이 맞지요. 손녀도 계속 자라고, 그러면 살림도 더 많아질 텐데, 나이 먹은 저로서는 버거운 일이지요. 정말 무슨 수를 쓰든가 해야지 이대로는 안 되겠다 싶더라고요."

할머니는 생각 끝에 자신이 먼저 가르쳐줄 수 있는 사람이 되고자 강좌를 신청했다는 것이다.

이런 예도 있다. 내 지인의 며느리 이야기다. 내 지인은 아들을 결혼시키면서 학력 좋고 얼굴 예쁜 며느리가 들어온다며 참 좋아했다. 그런데 시간이 갈수록 너무나 고민이 된다며 괴로워했다.

"아들 집에 갔더니, 글쎄 집안이 난장판이더라고요. 발 디딜 틈이라고는 눈곱만큼도 없는데, 새아기는 정리할 생각을 안 해요. 아들 녀석이 몇 번 말을 했는데, '그럼, 당신이 치우면 되잖아요.' 하고는 책만 보고 있지 뭐예요."

그러다가 손자가 태어났고, 내 지인은 그런 집에서 아이가 잘 자라는지 어떤지 걱정이 되어 가만히 있을 수가 없다고 했다.

수납 카운슬러로 일하다 보면 "남편이 어찌나 잘 어지르는지, 정말 지저분해서 같이 못 살겠어요." 하고 평생을 치를 떨며 살았다는 사람도 만나게 된다.

여자든 남자든 어려서부터 받는 가정교육이 중요하다!

먼 훗날의 이야기라고? 아니다. 아이는 자라 어른이 되고, 그러면 결혼도 한다. 남성이든 여성이든 둘이 함께 하는 생활에 수납이 빠질 리 없다. 학원 다니랴 공부하랴 바쁜 아이를 위해 청소라도 대신 해주고 싶은 마음은 이해하지만, 그랬다가는 아이와 부모 모두 엉망이 될 수도 있다. 수납과 정리는 절대로 소홀히 할 수 없는 가정교육의 하나다.

아이의 미래를 생각하면 정리습관을 소홀히 할 수 없다.

머리 좋은 아이로 키우는
엄마의 정리습관

초판 1쇄 발행 2011년 1월 10일
초판 2쇄 발행 2011년 5월 1일

지은이   이다 히사에
옮긴이   김현영
발행인   권윤삼
발행처   도서출판 산수야

등록번호   제1-1515호
주소   서울시 마포구 망원동 472-19호
전화   02-332-9655
팩스   02-335-0674

값은 뒤표지에 있습니다. 잘못된 책은 바꾸어 드립니다.
ISBN 978-89-8097-223-4 03370

이 책의 모든 법적 권리는 도서출판 산수야에 있습니다.
저작권법에 의해 보호받는 저작물이므로
본사의 허락 없이 무단 전재, 복제, 전자출판 등을 금합니다.

이 도서의 국립중앙도서관 출판시도서목록(CIP)은 e-CIP 홈페이지
(http://www.nl.go.kr/cip.php)에서 이용하실 수 있습니다.
(CIP 제어번호 : CIP2010004380)